Entgelt gestalten
orientiert an Leistung, Ergebnis und Erfolg

Entgelt gestalten

orientiert an Leistung, Ergebnis und Erfolg

Verfasser:
Klaus-Detlev Becker, Rainer Bernard, Harald Brüning,
Siegurd Dokter, Hans Fremmer, Stefan Holzamer,
Horst Dieter Koppenburg, Stefan Laartz, Gunther Olesch,
Josef Oppmann, Herbert Oymann, Heinz Posselt

Redaktion:
Klaus-Detlev Becker, Hans Fremmer

Gestaltung der Texte und Grafiken:
Karin Pierson

Herausgegeben vom
Institut für angewandte Arbeitswissenschaft e.V.

Köln 2001

Die Deutsche Bibliothek – CIP-Einheitsaufnahme

Entgelt gestalten
orientiert an Leistung, Ergebnis und Erfolg
hrsg. vom Institut für angewandte Arbeitswissenschaft e.V.
Verf.: Klaus-Detlev Becker ... Bearb. u. Red.: Klaus-Detlev Becker,
Hans Fremmer
Gestaltung d. Texte u. Grafiken: Karin Pierson.
Köln: Wirtschaftsverlag Bachem, 2001
(Taschenbuchreihe des Instituts für angewandte Arbeitswissenschaft)
  ISBN 3-89172-414-4

Dieses Buch ist auf chlorfrei gebleichtem Papier gedruckt.

© 2001 Wirtschaftsverlag Bachem, Köln
Einbandentwurf: Karin Pierson, Köln
Bild unten aus: Leitfaden Wissensmanagement für die Praxis, VBM
Foto: Geräte und Maschinenbau GmbH Kaufbeuren
Gesamtherstellung: Druckerei J. P. Bachem GmbH & Co. KG Köln
Printed in Germany
ISBN 3-89172-414-4

Inhaltsübersicht

1	Leistungs-, ergebnis- und erfolgsbezogenes Entgelt	17
2	Zielvereinbarung und variable Vergütung	40
3	Zielorientierte Gruppenprämie und individuelle Leistungszulage mit Leistungsbeurteilung im Bereich Einkauf	59
4	Zielorientierter Teambonus im Bereich Forschung und Entwicklung	73
5	Ziel- und erfolgsorientiertes Entgelt im Vertrieb	84
6	Zielvereinbarungen im Rahmen des OTTO FUCHS Erfolgsbeteiligungssystems	99
7	Erfolgsabhängige Leistungsprämie	115
8	Projektorientierte Zielvereinbarung mit erfolgsabhängigem Bonus	122
9	Kombinierte Erfolgsprämie – Qualitätskosten und Produktivität	131
10	Projekterfolgsprämie	140
11	Individuelle Zielvereinbarung und vom Unternehmenserfolg abhängiger Bonus	148
12	Leistungs- und erfolgsorientiertes Bonussystem für alle tariflichen Mitarbeiter	166
13	Kapazitätsorientierte Erfolgsvergütung – vom Mehrstundenmodell zum Festbetragsmodell	180
14	Literatur	192
15	Autorenverzeichnis	193

Inhaltsverzeichnis

Vorwort		13
1	**Leistungs-, ergebnis- und erfolgsbezogenes Entgelt**	17
	von K.-D. Becker und H. Fremmer	
1.1	Gestaltungsmöglichkeiten des Entgelts	17
1.2	Leistung, Arbeitsergebnis und Betriebs-/Unternehmenserfolg als Bezugsgrößen für das Entgelt	20
1.3	Verfahren zur Auswahl des Entgeltsystems - ein nutzwertanalytisches Vorgehen	28
2	**Zielvereinbarung und variable Vergütung**	40
	von G. Olesch	
2.1	Unternehmen	40
2.2	Anlass/Ausgangssituation	40
2.3	Ziele der Entgeltlösung	41
2.4	Aufbau des Entgeltsystems	42
2.4.1	Leitende und außertarifliche Angestellte	43
2.4.2	Angestellte Mitarbeiter	47
2.4.3	Systeme für spezielle Mitarbeitergruppen	51
2.4.3.1	Gebietsvertriebsleiter	51
2.4.3.2	Außendienstberater	55
2.5	Schlussbemerkungen	57
3	**Zielorientierte Gruppenprämie und individuelle Leistungszulage mit Leistungsbeurteilung im Bereich Einkauf**	59
	von J. Oppmann	
3.1	Unternehmen	59
3.2	Anlass/Ausgangssituation	59
3.3	Ziele des neuen Entgeltsystems	60
3.4	Beschreibung des neuen Entgeltsystems	61
3.4.1	Grundentgelt	61
3.4.2	Individuelle Leistungszulage	61

3.4.3	Zielorientierte Gruppenprämie	63
3.5	Ergebnisse der Gruppenarbeit und des neuen Entgeltsystems im Einkauf	71

4 Zielorientierter Teambonus im Bereich Forschung und Entwicklung 73
von H. Brüning

4.1	Unternehmen	73
4.2	Anlass/Ausgangssituation	73
4.3	Ziel der neuen Entgeltlösung	74
4.4	Entgeltsystem	74
4.4.1	Entgeltaufbau	74
4.4.2	Vereinbarung der Ziele und Ermittlung der Zielerreichung	76
4.5	Ausblick	83

5 Ziel- und erfolgsorientiertes Entgelt im Vertrieb 84
von H. D. Koppenburg und K.-D. Becker

5.1	Unternehmen	84
5.2	Anlass/Ausgangssituation	84
5.3	Ziele des neuen Entgeltsystems	85
5.4	Beschreibung des Entgeltsystems	85
5.4.1	Zielabhängige Erfolgsprämie	86
5.4.2	Ziele	88
5.4.3	Ablauf der Zielvereinbarung	90
5.5	Ausblick	98

6 Zielvereinbarungen im Rahmen des OTTO FUCHS Erfolgsbeteiligungssystems 99
von S. Laartz

6.1	Unternehmen	99
6.2	Anlass/Ausgangssituation	99
6.3	Ziele der Entgeltlösung	102
6.4	Vorgehen zur Umsetzung	103
6.5	Entgeltsystem	104
6.5.1	Grundentgelt	104

6.5.2	Zielvereinbarungsprämie	106
6.5.3	Erfolgsbeteiligungsprämie (RT-Prämie)	110
6.6	Erfahrungen mit dem neuen Entgeltsystem	112
7	**Erfolgsabhängige Leistungsprämie** *von S. Dokter*	**115**
7.1	Unternehmen	115
7.2	Anlass/Ausgangssituation	115
7.3	Ziel der neuen Entgeltlösung	116
7.4	Entgeltsystem	116
7.4.1	Vorgehen bei der Installierung und Anwendung der neuen Entgeltlösung	116
7.4.2	Entgeltaufbau	117
7.5	Fazit	121
8	**Projektorientierte Zielvereinbarung mit erfolgsabhängigem Bonus** *von R. Bernard*	**122**
8.1	Unternehmen	122
8.2	Anlass/Ausgangssituation	122
8.3	Zielvereinbarungsprozess	123
8.4	Aufbau der Zielvereinbarung und Ermittlung des Bonus	126
8.5	Zieldefinition, Bewertungskriterien und Bonus	126
8.6	Fazit	130
9	**Kombinierte Erfolgsprämie – Qualitätskosten und Produktivität** *von S. Dokter*	**131**
9.1	Unternehmen	131
9.2	Anlass/Ausgangssituation	131
9.3	Ziel der neuen Entgeltlösung	132
9.4	Entgeltsystem	132
9.4.1	Vorgehen bei der Installierung und Anwendung der neuen Entgeltlösung	132
9.4.2	Entgeltaufbau	133
9.5	Erfahrungen	139

10	**Projekterfolgsprämie**	140
	von H. Brüning und S. Dokter	
10.1	Unternehmen	140
10.2	Anlass/Ausgangssituation	140
10.3	Ziel der neuen Entgeltlösung	141
10.4	Entgeltsystem	142
10.4.1	Vorgehen bei der Einführung des Entgeltsystems	142
10.4.2	Entgeltaufbau	143
10.5	Schlussbemerkungen	147
11	**Individuelle Zielvereinbarung und vom Unternehmenserfolg abhängiger Bonus**	148
	von H. Posselt	
11.1	Unternehmen	148
11.2	Anlass/Ausgangssituation	148
11.3	Ziele des Entgeltsystems	149
11.4	Beschreibung des Entgeltsystems	150
11.4.1	Zielorientierte individuelle Leistungszulage	151
11.4.1.1	Zielvereinbarungen	154
11.4.1.2	Bewertungsverfahren	156
11.4.1.3	Mitarbeitergespräch	159
11.4.1.4	Auswirkung auf das Gehalt	160
11.4.2	Erfolgsorientiertes Bonussystem	160
11.4.2.1	Finanzierung des Bonus	161
11.4.2.2	Zielvorgabe und Kommunikation	162
11.4.2.3	Erfahrungen	165
12	**Leistungs- und erfolgsorientiertes Bonussystem für alle tariflichen Mitarbeiter**	166
	von S. Holzamer	
12.1	Unternehmen	166
12.2	Anlass/Ausgangssituation	166
12.3	Ziele des neuen Bonussystems	167
12.4	Beschreibung des neuen Bonussystems	167
12.4.1	Individuelle Leistungsbeurteilung	169

12.4.2	Erreichung der Gruppenziele	170
12.4.3	Erreichung der Ziele der Business Unit	173
12.4.4	Erreichung der Konzernziele	174
12.4.5	Ermittlung des Bonus und der Ausschüttung in Aktien	174
12.5	Einführung des Systems durch eintägige Workshops	176
12.6	Resümee	179
13	**Kapazitätsorientierte Erfolgsvergütung – vom Mehrstundenmodell zum Festbetragsmodell** *von H. Oymann*	180
13.1	Unternehmen	180
13.2	Anlass/Ausgangssituation	180
13.3	Zielstellung	181
13.4	Mehrstundenmodell	181
13.4.1	Erfolgsbeteiligung aus Sicht des Mitarbeiters	181
13.4.2	Teilnahme an Erfolgsbeteiligung	184
13.4.3	Vorteile der Erfolgsbeteiligung für Unternehmen und Mitarbeiter	186
13.4.4	Auswirkungen auf Lohnersatzleistungen	187
13.4.5	Auszahlung der Erfolgsbeteiligung	188
13.4.6	Erfahrungen mit der Erfolgsbeteiligung	188
13.5	Festbetragsmodell	189
13.5.1	Die Berechnung	189
13.5.2	Mitarbeitererklärung über Beteiligung	190
13.6	Hinweis	191
14	**Literatur**	192
15	**Autorenverzeichnis**	193

Vorwort

Die Mehrzahl der Unternehmen richtet ihre Aktivitäten – ohne großes Aufsehen in der Öffentlichkeit – bewusst auf die Wünsche und Erwartungen der Kunden des globalen Marktes aus. Statistiken zur Exportentwicklung der Wirtschaft bestätigen das in eindrucksvoller Weise.

Neben notwendigen Veränderungen in der Technik und Technologie – einschließlich des zielgerichteten Einsatzes der Informations- und Kommunikationstechnologien – gestalten die Unternehmen in gleichem Maße die Organisation und die Führungsprozesse neu. In diesem Zusammenhang wächst durch Dezentralisation und Verlagerung der Handlungs- und Entscheidungskompetenz vor Ort der Einfluss des einzelnen Mitarbeiters, sowohl im gewerblichen als auch im Angestelltenbereich, auf den Erfolg des Unternehmens. Das erfordert von den Mitarbeitern verstärkt, selbst unternehmerisch zu denken und zu handeln. Unbestritten ist zweifellos, dass das Entgelt als strukturales Führungsinstrument unternehmerisches Denken und Handeln der Mitarbeiter sowohl fördern als auch behindern kann. Ausgehend von der notwendigen Abgestimmtheit von Arbeitsorganisation, Arbeitszeitsystem, Anforderungen der Arbeitsaufgabe, Leistungsziel und Entgelt stellt sich die Frage, wie unter den veränderten Bedingungen das Entgelt gestaltet werden kann, um den Mitarbeitern einen Anreiz zu geben, einen spezifischen, individuellen Leistungsbeitrag zu erbringen, ein hohes Gruppen- bzw. Teamergebnis zu erreichen und einen dauerhaften Erfolg des Unternehmens zu gewährleisten.

In vielen Veröffentlichungen werden Lösungsansätze zur leistungsbezogenen Gestaltung von Prämien, Leistungszulagen und Boni vorgestellt. Andererseits gibt es auch bereits eine Reihe Publikationen zur Gestaltung so genannter Erfolgsbeteiligungen, bei denen die Mitarbeiter in Abhängigkeit von der Gesamtleistung, dem Ertrag oder dem Gewinn des Unternehmens Vergütungsbestandteile erhalten. Zwischen der Möglichkeit, das Entgelt an die individuelle oder Gruppenleistung auf der einen und den Unternehmenserfolg auf der anderen Seite zu binden, gibt es jedoch noch ein breites Gestaltungsfeld. Das vorliegende Taschenbuch soll Geschäftsführern, Personalleitern, Betriebsräten und allen am Thema Interessierten helfen, diese Spielräume zwischen den beiden Polen Leistung und Unternehmenserfolg als Grundlagen für das Entgelt zu erkennen und zu nutzen. Anhand betrieblicher Lösungen werden von Betriebspraktikern, Verbandsingenieuren und Mitarbeitern des Instituts für angewandte Arbeitswissenschaft Möglichkeiten der Gestaltung leistungs-, ergebnis- und erfolgsabhängiger Entgeltbestandteile und deren sinnvolle Kombination dargestellt. Die aufgezeigten betrieblichen Lösungen zur Vergütung der individuellen Leistung bzw. des individuellen Arbeitsergebnisses und Teamergebnisses betreffen zum großen Teil Angestelltentätigkeiten, da Möglichkeiten einer diesbezüglichen Entgeltgestaltung für gewerbliche Mitarbeiter bereits im Taschenbuch „Zeitgemäße Entgeltformen" (*IfaA, 1996*) ausführlich dargestellt wurden. Entsprechend dem heutigen Führungsverständnis beruhen die Entgeltsysteme häufig nicht nur auf der Vorgabe, sondern auf der Vereinbarung von Zielen. Grundsätzliche Ausführungen zu Zielvereinbarungen enthält der Band 31 der Schriftenreihe des IfaA „Leistungsbeurteilung und Zielvereinbarung" (*IfaA, 2000*), sodass an dieser Stelle darauf verzichtet wird.

G. Olesch beschreibt in seinem Beitrag realisierte Zielvereinbarungs- und Beurteilungsmodelle für verschiedene Angestelltengruppen eines mittelständischen elektrotechnischen Unternehmens, die Anregungen zur Entwicklung eigener Lösungen geben. *J. Oppmann* stellt eine zielorientierte Gruppenprämie für Angestellte im Einkauf vor, die vom Erreichen vereinbarter Ziele zur Einhaltung der Termine, zur Einsparung von Materialkosten und zum Personalaufwand im Einkauf bestimmt wird. *H. Brüning* behandelt in seinem Beitrag ein zielorientiertes Bonussystem im Bereich Forschung und Entwicklung, das für die Mitarbeiter wirksam wird, wenn die durch Kundenaufträge definierten Ziele zum Kosten- und Zeitaufwand sowie zum Innovationsgrad der Produktentwicklungen bzw. -konstruktionen erreicht werden. *K.-D. Becker* und *H. D. Koppenburg* informieren über eine zielbezogene Entgeltlösung im Vertrieb, bei der das variable Entgelt der Mitarbeiter vom Erreichen vereinbarter Wert-, Produkt- oder kundenbezogener Ziele abhängig ist. *S. Laartz* beschreibt ein kombiniertes Entgeltsystem, das sich aus einer Prämie für das Erreichen vereinbarter Gruppen- bzw. Teamziele und einer Erfolgsprämie zusammensetzt, die vom Erfolg der Unternehmensbereiche und des Gesamtunternehmens abhängig ist.

Im vorliegenden Taschenbuch beschriebene Lösungen, in denen der Erfolg einer Unternehmenseinheit oder eines gesamten Unternehmens dem Entgelt zugrunde liegt, gelten in der Regel für gewerbliche und angestellte Mitarbeiter gleichermaßen. So zeigt *S. Dokter* anhand von zwei betrieblichen Lösungen, wie gewerbliche Mitarbeiter und Angestellte gemeinsam vermittels eines erfolgsabhängigen Prämiensystems einen finanziellen Anreiz zur Erhöhung der Wertschöpfung bzw. zur Verbesserung der Produktivität und Senkung der Qualitätskosten erhalten. *R. Bernard* vermittelt in seinem Kapitel eine Lösung für die Gestaltung eines erfolgsabhängigen Bonus, der an alle Mitarbeiter gezahlt wird, wenn die Kundentermine und gleichzeitig der geplante Aufwand an Personal und Material für die Bearbeitung von Kundenprojekten eingehalten werden. *H. Brüning* und *S. Dokter* verdeutlichen in ihrem Beitrag, wie die an der Bearbeitung eines Kundenauftrags beteiligten Teams und jeder einzelne Angestellte der Konstruktion, Arbeitsvorbereitung und Fertigung mit einem kombinierten Entgeltsystem, bestehend aus einer teambezogenen Projekterfolgsprämie und einer individuellen Leistungszulage, an der Einhaltung von Zielkosten, Terminen und hoher zeitlicher Flexibilität interessiert werden können. *H. Posselt* beschreibt ein an individuellen Zielvereinbarungen orientiertes Beurteilungssystem sowie ein vom Unternehmenserfolg abhängiges Bonussystem, die beide für alle Mitarbeiter des Unternehmens gleichermaßen gelten. *S. Holzamer* stellt ein erfolgsabhängiges Bonussystem vor, das die Grundlage für die Beteiligung der Mitarbeiter am Aktienkapital des Unternehmens bildet. Die Höhe des Bonus wird bestimmt durch den individuellen Leistungsbeitrag jedes Einzelnen, den Grad der Erreichung von Gruppenzielen, dem Erfolg der Business Unit sowie dem Konzernerfolg. *H. Oymann* zeigt ein am Unternehmensgewinn orientiertes Vergütungssystem mit seinen unterschiedlichen Entwicklungsformen über mehrere Jahre, bei dem die Mitarbeiter einen Anreiz für eine bessere Auslastung der betrieblichen Kapazitäten erhalten.

Vorangestellt ist ein einführendes Kapitel von *K.-D. Becker* und *H. Fremmer* zur Abgrenzung von Leistung, Arbeitsergebnis und Betriebs-/Unternehmenserfolg als Grundlagen für variable Entgeltkomponenten sowie eine Entscheidungshilfe zur Auswahl der zweckmäßigen Entgeltform in den Unternehmen.

Die Geschäftsführung des Instituts für angewandte Arbeitswissenschaft dankt den Autoren für die engagierte Erarbeitung ihrer Beiträge und *Karin Pierson* für die Gestaltung der Texte und Grafiken. Zugleich gilt der Dank den in den Verbänden der Metall- und Elektroindustrie wirkenden Verbandsingenieuren, die die Institutsmitarbeiter auf betriebliche Lösungen der Entgeltgestaltung in den Mitgliedsunternehmen hinwiesen, häufig auch die Kontakte zu den Autoren vermittelten oder die Entgeltsysteme selbst beschrieben haben.

1 Leistungs-, ergebnis- und erfolgsbezogenes Entgelt

von K.-D. Becker und H. Fremmer

1.1 Gestaltungsmöglichkeiten des Entgelts

Mit der strategischen Neuausrichtung vieler Unternehmen, die häufig mit Team- und Gruppenarbeit verbunden ist, werden zunehmend auch die meist starren Lohn- und Gehaltsstrukturen in Frage gestellt. Vergütungskonzepte, die sich nicht nur an *Anforderungen* und *Leistung* orientieren, sondern auch die Arbeitsergebnisse und die wirtschaftliche Situation der Unternehmen stärker berücksichtigen, stehen dabei im Vordergrund.

Da infolge von Gruppen-/Teamarbeit zunehmend Arbeitsaufgaben von gewerblichen Mitarbeitern und Angestellten zusammengeführt werden – insbesondere in den indirekten Bereichen – kommt die gesamte Bandbreite der Lohnformen, vom Zeitlohn mit Leistungszulage, Prämienentlohnung, Bonus und Zielvereinbarungen bis hin zu so genannten Erfolgsbeteiligungsmodellen, zum Tragen. Welches Entgeltsystem mit welchen Entgeltkomponenten die jeweils beste Lösung darstellt, wird entscheidend durch die unternehmensspezifische Zielstellung und Struktur bestimmt. Abb. 1-1 zeigt die Möglichkeiten der Entgeltgestaltung, die sich ausgehend von der Zielstellung des Unternehmens durch die Wahl der Bezugsbasis und der sich daraus ableitenden Ausrichtung ergeben.

Die Einzelregelungspunkte des Entgeltsystems – Leistungs- und/oder Zielkriterien, geltliche Ausgestaltung, Verteilungs-/Auszahlungsmodus usw. – sind in einer Betriebsvereinbarung festzulegen.

Leistungs-, ergebnis- und erfolgsbezogenes Entgelt

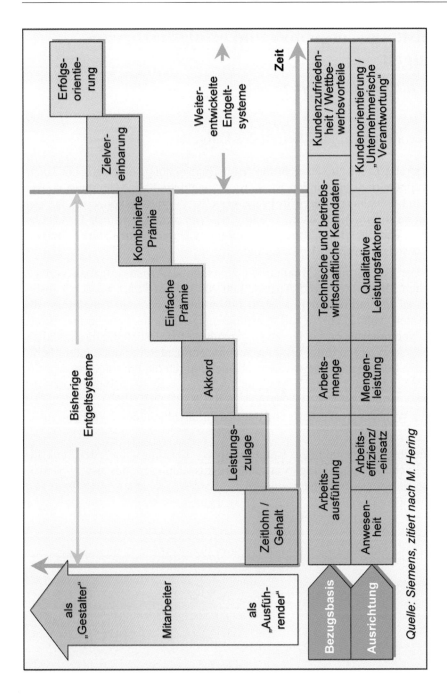

Abb. 1-1: Zeitgemäße Entgeltsysteme

In den *Produktionsbereichen und den produktionsnahen Bereichen* sind die wesentlichen Bewertungsmerkmale die Mengenausbringung, die Qualität, der Nutzungsgrad von Maschinen und Anlagen, die Durchlaufzeit, die Gemeinkostenquote, Stillstandszeiten und Instandhaltungsquoten. Die Bewertungsmerkmale werden in Form von Mengen-, Nutzungs-, Qualitäts-, Gemeinkostenersparnis- oder Produktivitätsprämien, häufig auch als eine Entgeltkomponente bei gemischten Teamstrukturen mit Arbeitern und Angestellten, in ein Gesamtentgeltkonzept eingebunden.

In *Angestelltenbereichen*, wie z. B. der Produktentwicklung oder dem Vertrieb, sind es Bewertungsmerkmale wie die Termintreue, die Budgeteinhaltung, die Personal- und Materialkosten, der Vertriebskostenanteil an den Gesamtkosten oder der Umsatz je Mitarbeiter. Die Leistungsbewertung dieser Zielkriterien erfolgt zunehmend als Soll-Ist-Vergleich einer Zielvorgabe in Form einer Zielvereinbarung. Zwischen Vorgesetztem und Mitarbeiter, Team oder Bereich werden entsprechende Ziele, z. B. für ein Quartal oder ein Halbjahr, vereinbart. Je nach Zielerreichungsgrad erfolgt die Honorierung in der Regel in Form eines Bonus, einer Prämie oder auch der Leistungszulage.

In der Praxis zeigt sich, dass erfolgsorientierte Zielkriterien verstärkt bei Tätigkeiten mit höherer Verantwortung und größerem Einfluss auf den Unternehmenserfolg zur Anwendung gelangen (vgl. *Femppel/Zander*, 2000, S. 43 ff.). Bei *Führungskräften* werden z. B. das Betriebsergebnis, der Substanzgewinn, der Bilanzgewinn, der Shareholder Value, der Return on Investment oder Umsatz als Grundlage für die Bewertung der Zielerreichung herangezogen. Die Beteiligung am Erfolg geschieht zumeist im variablen Entgelt in Form eines Bonus oder einer Tantieme. Mit der Einführung von Organisationsformen wie Segmente, Teamarbeit etc. werden erfolgsabhängige Entgelte zunehmend auch im tariflichen Bereich gezahlt.

Um leistungsstarke Mitarbeiter an das Unternehmen zu binden und angemessen honorieren zu können, kommen verstärkt Kombinationen aus kollektiven und individuellen leistungs- bzw. ergebnisbezogenen Entgeltbestandteilen zum Tragen. Der individuelle Leistungsbeitrag lässt sich am besten anhand von Leistungsbeurteilungen bewerten und in Form von Leistungszulagen ausweisen. Beim leistungs- bzw. ergebnisbezogenen Entgelt besteht eine eindeutige Tendenz zu betriebsindividuellen Lösungen. Das gilt auch für die tariflichen Leistungsbeurteilungsverfahren, an deren Stelle eigene betriebliche Verfahren erarbeitet und eingeführt werden (vgl. *IfaA*, 2000). Die Beurteilung der Leistung des Mitarbeiters erfolgt anhand vorher festgelegter Beurteilungsmerkmale mindestens einmal jährlich, in der Regel durch den Vorgesetzten.

Die Auswahl der Entgeltform wird von betrieblichen Zielsetzungen und situativen Rahmenbedingungen bestimmt. Grundlagen und Aufbau der aufgezeigten Entgeltformen (Prämienlohn, Leistungszulage mit Leistungsbeurteilung, Bonus und Zielvereinbarung) sind in den Taschenbüchern „Zeitgemäße Entgeltformen" (vgl. *IfaA*, 1996) und „Leistungsbeurteilung und Zielvereinbarung" (vgl. *IfaA*, 2000) dargestellt.

Ausgehend von den aufgezeigten Möglichkeiten muss die Geschäftsführung für ihr Unternehmen die Frage beantworten, wofür neben dem anforderungsabhängigen Grundentgelt das tarifliche, leistungsorientierte Entgelt und/oder weitere Entgeltbestandteile gezahlt werden sollen. Soll es

◆ die Leistung im traditionellen Sinne des einzelnen Mitarbeiters bzw. einer Gruppe sein oder

◆ das Arbeitsergebnis des Mitarbeiters, der Gruppe oder der Organisationseinheit oder

◆ der Erfolg des Unternehmens in seiner Gesamtheit oder soll es

◆ eine Kombination dieser Möglichkeiten sein.

1.2 Leistung, Arbeitsergebnis und Betriebs-/Unternehmenserfolg als Bezugsgrößen für das Entgelt

Die Begriffe Leistung, Ergebnis und Erfolg werden häufig synonym verwendet. Zunehmend verweisen Autoren in Veröffentlichungen auf die Notwendigkeit einer inhaltlichen begrifflichen Abgrenzung (vgl. z. B. *Becker, F.,* 1992, S. 11 ff. und *Förderreuther,* 2000, S. 144). Eine ausführliche Darstellung zum Leistungsbegriff findet sich insbesondere bei F. Becker. Er analysiert die Verwendung des Begriffs Leistung in den Wissenschaftsdisziplinen Physik, Soziologie, Psychologie, Pädagogik, Volkswirtschaftslehre, Rechtswissenschaft und Arbeitswissenschaft sowie Betriebswirtschaftslehre und stellt dabei erhebliche Unterschiede im Begriffsinhalt fest. In Bezug auf die Thematik der Entgeltgestaltung sind insbesondere die arbeitswissenschaftliche und die betriebswirtschaftliche Begriffserklärung von Interesse.

Die Arbeitswissenschaft lehnt sich zumeist an den physikalischen Begriff der Leistung als Verhältnis von Arbeit bezogen auf eine bestimmte Zeit bzw. Arbeitsergebnis bezogen auf eine bestimmte Zeit an. Dabei wird „unter Arbeit […] ein Tätigsein des Menschen verstanden, bei dem dieser mit anderen Menschen und (technischen) Hilfsmitteln in Interaktion tritt, wobei unter wirtschaftlichen

Zielsetzungen Güter und Dienstleistungen erstellt werden, die (zumeist) entweder vermarktet oder von der Allgemeinheit (Steuern, Subventionen) finanziert werden" (*Luczak*, 1993, S. 2). Bezüglich der Arbeit werden von Luczak an dieser Stelle zudem zwei Aspekte unterschieden: zum einen Arbeit im ursprünglichen Sinne als Anstrengung (subjektbezogen) und zum anderen als Produktion von Gütern oder Dienstleistungen (objektorientiert). Während der erste Aspekt eher die Tätigkeit, das Leisten, im Blick hat, zielt der zweite Aspekt auf das Ergebnis ab. Bezüglich dieses zweiten Aspektes ist demnach Leistung im arbeitswissenschaftlichen Sinn jedes Resultat einer geistigen oder körperlichen Tätigkeit (vgl. auch *Lexikon der Psychologie,* 1971, S 421). Wobei jede Leistung von den persönlichen und sachlichen Voraussetzungen abhängig ist und von der Sozialstruktur (Kooperation) beeinflusst wird. Um den Rahmen dieses Taschenbuches nicht zu sprengen, muss an dieser Stelle darauf verzichtet werden, die verschiedenen Voraussetzungen der Leistung (Leistungsbereitschaft, Leistungsfähigkeit, technische und organisatorische Leistungsvoraussetzungen) ausführlich zu behandeln.

Eng an die zweite Seite des arbeitswissenschaftlichen Leistungsbegriffs angelehnt, d. h. auf das Resultat bezogen, ist der Leistungsbegriff bei REFA. Dort wird die Leistung des Arbeitssystems definiert als „die Ausgabe bzw. das Arbeitsergebnis des Arbeitssystems bezogen auf eine bestimmte Zeit (Ausgabe/ Zeit oder Arbeitsergebnis/Zeit)" (vgl. *REFA*, 1984, S. 110). Eindeutig dominierend im Arbeits- und Zeitstudium ist die Mengenleistung als Form zur Bezeichnung der Arbeitsleistung eines Arbeitssystems. Das ist jedoch für die heutige Arbeitswelt, insbesondere auch für Angestelltentätigkeiten, bei denen zunehmend geistige, d.h. kreative sowie Überwachungsfunktionen, die Arbeitsaufgaben der Mitarbeiter bestimmen, nicht sehr hilfreich. Der Hinweis bei REFA (vgl. *REFA*, 1984, S. 111), dass bei geistiger Arbeit die Leistung im Allgemeinen durch Bewerten und Beurteilen zu erfassen ist, sagt leider nicht viel zum Gegenstand selbst: der Leistung.

Durch die Veränderungen der Arbeitsaufgaben und der Organisation, den Ersatz von lebendiger Arbeit durch Technik, stärkerer Kunden-, aber auch Shareholder-Orientierung usw. verliert die Anstrengung des Mitarbeiters, das Leisten, an Bedeutung. Als Stichwörter für die Veränderungen seien stellvertretend genannt: ergebnisorientierte Arbeitsaufgaben, Vertrauensgleitzeit, Telearbeit, Wissensmanagement, produkt- bzw. kundenorientierte Segmentierung mit Gruppen- bzw. Teamstrukturen. Wichtiger werden die Ergebnisse; die Wege dazu sind von untergeordneter Bedeutung, soweit der Aufwand vertretbar und die Arbeitsbedingungen gesicherten arbeitswissenschaftlichen Erkenntnissen entsprechen. Dessen ungeachtet bleiben aber immer noch Arbeitsaufgaben erhalten, bei denen durch den Einfluss des Einzelnen auf das Ergebnis auch der Prozess der Erstellung von entscheidender Bedeutung ist, z. B. Handmontageprozesse, häufig wiederkehrende Routineprozesse.

In der Betriebswirtschaftslehre dominiert ebenfalls ein ergebnisorientiertes Leistungsverständnis, d. h. im Allgemeinen wird nur das Resultat der menschlichen bzw. betrieblichen Tätigkeit als mögliche Leistung aufgefasst (vgl. *Becker, F.*, 1992, S. 49). An dieser Stelle ist leider kein Raum für eine ausführliche Darstellung der in o. g. Veröffentlichung aufgezeigten interessanten Facetten des betriebswirtschaftlichen Leistungsbegriffes (relative und absolute, individuelle und kollektive, statische und dynamische Leistung etc.). Von entscheidendem Interesse und daher auch auszuführen ist die Abgrenzung von Leistung, Arbeitsergebnis und Erfolg.

„Erfolg ist – ebenso wie die Leistung – immer etwas relatives und nie etwas absolutes. Der Erfolgsbegriff bezieht sich auf das erreichte Ergebnis betrieblicher Tätigkeit bzw. des Leistungsverhaltens. Dieses Ergebnis an sich wird noch nicht mit Erfolg – mit Ausnahme der Erfolgsrechnung – gleichgesetzt. Erst die Bewertung dieses Ergebnisses als etwas relativ zufrieden stellendes, gutes oder herausragendes führt zur Bezeichnung des Ergebnisses als Erfolg. […] Sehr eng mit der Konzentration auf den Erfolg bzw. das – gute – Leistungsergebnis verbunden, erscheint die (Über-)Betonung der Quantitäten dieser Ergebnisse. Nur das, was mengenmäßig, quantitativ wirklich fassbar ist […] zählt als akzeptabler Erfolgsindikator bzw. als Erfolg und führt automatisch zur Gleichsetzung von quantitativ erfassbarem Erfolg und Leistung" (ebenda S. 87).

Inhaltlich gibt es jedoch Unterschiede zwischen der Leistung, dem Arbeitsergebnis und dem Betriebs-/Unternehmenserfolg, der die eben zitierte Gleichsetzung ausschließt. Eine begriffliche Abgrenzung zeigt Abb. 1-2.

Leistungs-, ergebnis- und erfolgsbezogenes Entgelt

Leistung	Arbeitsergebnis	Betriebs-/ Unternehmenserfolg
Definition:	**Definition:**	**Definition:**
Leistung ist *jedes Resultat* einer geistigen und/oder körperlichen menschlichen Tätigkeit. (Lexikon der Psychologie 1971) oder die (Leistungs-)Anstrengung bzw. das (Leistungs-)Verhalten selbst	**Arbeitsergebnis** ist das *positive, betriebswirtschaftlich verwertbare Resultat* einer geistigen und/oder körperlichen menschlichen Tätigkeit	Im betriebswirtschaftlichen Sinne ist **Erfolg** das in der Regel in monetären Größen erfasste bzw. ausgedrückte Ergebnis des Wirtschaftens ermittelt durch Erfolgsrechnung, z.B. ... » Gewinn- und Verlustrechnung ... » Gegenüberstellung von Erlösen und Kosten (Gablers Wirtschaftslexikon, Band C - F)
	Bewertung des Resultats als positiv; Beurteilungsinstanz: Geschäftsführung, Vorstand, Vorgesetzter, geltende Normen	

Abb. 1-2: Abgrenzung von Leistung, Arbeitsergebnis und Betriebs-/Unternehmenserfolg

Dieser getroffenen Abgrenzung entsprechend ist Leistung – anders ausgedrückt – entweder die Leistungsanstrengung bzw. das Leistungsverhalten selbst oder *jedes Resultat menschlicher Tätigkeit,* d. h. es kann auch ein durch das Unternehmen (betriebswirtschaftlich) nicht verwertbares Ergebnis sein. Für die Unternehmen interessanter sind die zumindest (betriebswirtschaftlich) *verwertbaren Resultate menschlicher Tätigkeit: die Arbeitsergebnisse.* Die individuelle bzw. die Gruppen-/ Teamleistungen der Mitarbeiter sind zumeist die Voraussetzungen für den Erfolg. Auf Grund der Wettbewerbsstärke von Mitbewerbern, Veränderung von Wechselkursen u.a.m. muss selbst das als positiv bewertete Arbeitsergebnis nicht automatisch einen wirtschaftlichen Erfolg des Unternehmens nach sich ziehen. Deshalb scheint die Unterscheidung der verwertbaren von den durch das Unternehmen tatsächlich (betriebswirtschaftlich) *verwerteten Arbeitsergebnisse,* d. h. dem eigentlichen Betriebs-/Unternehmenserfolg, notwendig.

Leistung, Arbeitsergebnis und Betriebs-/Unternehmenserfolg lassen sich darüber hinaus durch ihre unterschiedlichen Bemessungsgrundlagen abgrenzen (vgl. Abb. 1-3).

Leistung	Arbeitsergebnis	Betriebs-/ Unternehmenserfolg
Bemessungsgrundlage: Kennzahlen: z.B. ✤ Menge, ✤ Zeitaufwand Beurteilungsmerkmale: z.B. ✤ Arbeitseinsatz, ✤ Arbeitssorgfalt, ✤ Zusammenwirken	*Bemessungsgrundlage:* Betriebswirtschaftliche Kennzahlen: z.B. ✤ Gutstück, ✤ Produktivität, ✤ Kostenersparnis, ✤ Gewinn oder Ertrag bezogen auf eine Gruppe, Abteilung und/oder eine Betriebseinheit	*Bemessungsgrundlage:* Betriebswirtschaftliche Kennzahlen: z.B. ✤ Gewinn, ✤ Ertrag, ✤ Ausstoß, ✤ Produktivität des Unternehmens oder einer Unternehmenseinheit

Abb. 1-3: Leistung, Arbeitsergebnis und Betriebs-/Unternehmenserfolg – Bemessungsgrundlagen –

Ebenso wie die Begriffe und die Bemessungsgrundlagen lässt sich das in Abhängigkeit davon gezahlte Entgelt voneinander abgrenzen (vgl. Abb. 1-4).

Die Bindung des Entgelts an die Leistung, die Arbeitsergebnisse oder den Betriebs-/Unternehmenserfolgs hat unterschiedliche Wirkungen und erfordert unterschiedliche Voraussetzungen (vgl. auch *Förderreuther*, 2000, S.144; *Husmann/Reichel*, 1998, S. 23):

a) *das vorrangige Ziel der Entgeltkomponente*

♦ Steht das Motivationsziel im Vordergrund, muss der eigene Beitrag erkennbar sein, das ist i. d. R. anhand der von den Mitarbeitern gezeigten Leistung oder der erzielten Arbeitsergebnisse möglich.

♦ Steht die Zahlung von Entgeltbestandteilen in Abhängigkeit von der wirtschaftlichen Situation und damit die Entwicklung des Solidareffekts („Wir"-Gefühl) sowie die Stärkung der Identifikation mit dem Unternehmen im Vordergrund, muss der Betriebs-/Unternehmenserfolg zugrunde gelegt werden.

b) *die Wirkung der Kennzahlen*

♦ die für die Honorierung von Leistung und Arbeitsergebnissen herangezogenen Kennzahlen (z. B. Menge, Gutstück, Kostenersparnis, Produk-

Leistungs-, ergebnis- und erfolgsbezogenes Entgelt

Entgelt für Leistung	Entgelt für Arbeitsergebnis	Entgelt für Betriebs-/Unternehmenserfolg
Charakteristik: Teil des tariflichen Entgelts, das in Abhängigkeit einer vom Arbeitgeber gemessenen oder bewerteten *Leistung und/oder Verhaltens* des Einzelnen und/oder einer Gruppe gezahlt wird.	*Charakteristik*: Teil des tariflichen Entgelts, das in Abhängigkeit eines vom Arbeitgeber gemessenen und bewerteten *Arbeitsergebnisses* des Einzelnen und/oder einer Gruppe gezahlt wird.	*Charakteristik*: Jährliche Einmalzahlung oder übertarifliches Entgelt, die beim Erreichen eines vom Arbeitgeber definierten *Betriebs-/Unternehmenserfolg* gezahlt werden.
Methoden:: ▸▸ Kennzahlenvergleich ▸▸ Beurteilen ▸▸ Vereinbaren		*Methoden*: ▸▸ Marktvergleich ▸▸ Kennzahlenvergleich ▸▸ Vereinbaren

Abb. 1-4: Entgelt für Leistung, Arbeitsergebnis und Betriebs-/Unternehmenserfolg – Charakteristik und Ermittlungsmethoden -

tivität) reflektieren nur bedingt den Erfolg des Betriebes/des Unternehmens.

◆ Gewinn-, Ertrags- und Umsatzkennzahlen des gesamten Unternehmens reflektieren nur bedingt den Beitrag des Einzelnen, einer Gruppe oder der Organisationseinheit. Je größer der Anteil der planenden, steuernden und dispositiven Arbeiten wird, desto mehr wachsen die Möglichkeiten der Einflussnahme und der Verantwortung für den wirtschaftlichen Erfolg der Unternehmenseinheiten bzw. des gesamten Unternehmens.

c) *der Ausgangspunkt der Bewertung*

◆ Ausgangspunkt der Bewertung einer Leistung für das Leistungsentgelt sind:

▸▸ die Normal- bzw. Bezugsleistung oder

▸▸ die angemessene Leistung (Verpflichtungen aus dem Dienstvertrag gemäß § 611 BGB).

- Ausgangspunkt der Bewertung des Arbeitsergebnisses bei ergebnisbezogenem Entgelt sind:
  - die Vereinbarung zwischen Arbeitgeber und Betriebsrat (z. B. für eine Prämie, einen Bonus) oder
  - die Zielvereinbarung zwischen Vorgesetztem und Mitarbeiter bzw. Vorgesetztem und Gruppe/Team.
- Ausgangspunkt der Bewertung für den Betriebs-/Unternehmenserfolg bei erfolgsbezogenem Entgelt ist die Festlegung des Arbeitgebers, ab wann eine Zahlung erfolgen soll.

d) *die Möglichkeiten der Umwidmung bereits gewährter Entgeltkomponenten*

- Tarifliche leistungsbezogene Entgeltkomponenten (Akkordmehrverdienst, Prämie, Leistungszulage) sind i. d. R. an die individuelle oder gruppenbezogene Leistung oder die Arbeitsergebnisse (Gutstück etc.) gebunden.
- Übertarifliche marktwertbezogene Entgeltkomponenten und Jahreszahlungen (auch tarifliche, soweit das die Tarifverträge zulassen) lassen sich hingegen vom Betriebs-/Unternehmenserfolg abhängig gestalten.

Das Entgelt sollte auch bei erfolgsabhängiger Gestaltung unterteilt werden in das Grundentgelt und ein individuelles und/oder gruppenbezogenes leistungs- bzw. ergebnisabhängiges Entgelt (vgl. Abb. 1-5).

Insbesondere das Grundentgelt sollte selbstverständlich ausgehend von seiner sozialen Funktion bzgl. der Sicherung des Lebensunterhalts nicht abhängig vom Betriebs-/Unternehmenserfolg gestaltet werden, sondern ein fixer Entgeltbestandteil bleiben. Das erfolgsabhängige Entgelt wird zumeist als übertariflicher Entgeltbestandteil gewährt. Zunehmend wird darüber nachgedacht und in einzelnen Fällen auch schon praktiziert, bereits gewährte Jahressonderzahlungen in Abhängigkeit vom Unternehmenserfolg bzw. dem Erfolg der Unternehmenseinheit zu zahlen. Einzelne Unternehmen haben infolge wirtschaftlicher Notlage auch leistungsbezogene Entgeltbestandteile erfolgsabhängig gestaltet.

Leistungs-, ergebnis- und erfolgsbezogenes Entgelt

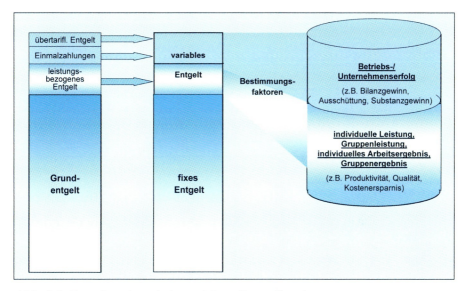

Abb. 1-5: Entgeltstruktur (schematisierte Darstellung)

Als Hilfestellung für den Nutzer des Taschenbuches wurde eine Zuordnung der betrieblichen Entgeltlösungen zu den Bezugsbasen „Leistung, Arbeitsergebnis und Betriebs-/Unternehmenserfolg" in Abb. 1–6 vorgenommen.

Kapitel des Taschenbuches	Beschriebene betriebliche Entgeltkomponenten zu		
	Leistung	Arbeitsergebnis	Erfolg
Kap. 2	X	X	
Kap. 3	X	X	
Kap. 4		X	
Kap. 5		X	
Kap. 6		X	X
Kap. 7		X	
Kap. 8		X	X
Kap. 9		X	
Kap. 10		X	
Kap. 11	X	X	X
Kap. 12	X	X	X
Kap. 13			X

Abb. 1-6: Zuordnung der betrieblichen Entgeltlösungen

1.3 Verfahren zur Auswahl des Entgeltsystems – ein nutzwertanalytisches Vorgehen

Einer der wesentlichsten Unsicherheitsfaktoren bei der Entscheidungsfindung in den Unternehmen hinsichtlich der Auswahl eines „optimalen Entgeltsystems" besteht in den unterschiedlichen Zielvorstellungen, die von den Entscheidungsträgern mit der Einführung eines neuen Entgeltsystems verknüpft werden. Um die Unternehmen bei der Entscheidungsfindung hinsichtlich des geeigneten Entgeltsystems zu unterstützen, wurde auf der Basis einer nutzwertanalytischen Betrachtung ein Verfahren zur Auswahl geeigneter Entgeltsysteme entwickelt. Es gibt Anhaltspunkte für die Entscheidungsfindung, nimmt den Verantwortlichen die Entscheidung jedoch nicht ab. Die Systematik des Verfahrens ist im Folgenden zwar auf Teamarbeit ausgelegt, kann aber – unter Weglassung teamspezifischer Merkmale – genauso bei anderen Formen der Arbeitsorganisation eingesetzt werden.

■ *Aufbau des Verfahrens*

Mit einer nutzwertanalytischen Betrachtung werden die mit dem neuen Entgeltsystem von der Geschäftsführung und den weiteren Verantwortlichen im Unternehmen angestrebten vielfältigen Ziele in einem Paarvergleich bewertet, um die entscheidenden herauszufiltern. Paarweiser Vergleich heißt, jedes Ziel ist mit jedem weiteren Ziel einzeln zu vergleichen. Dabei ist festzulegen, welches der beiden jeweils im Vergleich stehenden Ziele

- wichtiger,
- gleich wichtig oder
- weniger wichtig

gegenüber den anderen ist. Diese Bewertung wird mit unterschiedlichen Punktwerten quantifiziert. Danach wird die Eignung von Gestaltungsmöglichkeiten des Entgelts zur Durchsetzung der Ziele geprüft und anhand von fünf Stufen bewertet. Die Stufen umfassen die Spanne von „sehr gut" bis „sehr schlecht". Diese Bewertung zeigt, ob sich die gewichteten Ziele am besten in Form einer individuellen, einer teambezogenen oder einer erfolgsbezogenen Vergütung erreichen lassen und welche Ermittlungsmethode für die Entgelthöhe (Kennzahlenvergleich, Zielvereinbarung oder Beurteilung) die zweckmäßigste ist.

■ *Methodisches Vorgehen*

In die nutzwertanalytische Beurteilung der einzelnen Entgeltformen auf ihre mögliche Anwendbarkeit hin sollten neben der Geschäftsleitung, die für die Zielstellung und Einführung verantwortlich zeichnet, die Funktionsbereiche/Entscheidungsträger mit einbezogen werden, die im Unternehmen mit den Fragen der Entgeltgestaltung betraut sind und die eine spätere Entscheidung mittragen bzw. vor Ort umsetzen müssen, z. B.

- Werks-/Produktions-/Betriebsleiter (bei gemischten Teams – Arbeiter/Angestellte – in der Produktion),
- Personalabteilung/Personalleiter,
- Abteilungsleiter, in dessen Bereich die Einführung eines neuen Entgeltsystems vorgesehen ist,
- Betriebsrat,
- Teamleiter (z. B. Team Vertrieb).

Um eine möglichst problemlose Durchführung der nutzwertanalytischen Beurteilung zu gewährleisten, empfiehlt es sich, eine Person, beispielsweise einen

Mitarbeiter der Personalabteilung, mit der Ablaufmoderation zu betrauen. Erfahrungswerte zeigen, dass zur Findung eines optimalen Entgeltsystems, je nach Größe des Bewertungsteams und Anzahl der mit der Entgeltlösung angestrebten Ziele, ca. 2–3 Stunden – einschließlich der Ergebnisauswertung – anzusetzen sind.

Die Entscheidungsfindung, welches das optimale Entgeltsystem sein könnte, wird maßgeblich durch die jeweilige Organisationsstruktur, z.B. Teamarbeit, sowie die Unternehmensziele beeinflusst. Im Allgemeinen stehen folgende Entgeltkomponenten zur Auswahl:

- *Leistungszulage*
  auf der Grundlage der Bewertung individueller oder teambezogener Merkmale (Leistungsergebnisse, Leistungsverhalten) bzw. vereinbarter Ziele,
- *Prämie/Bonus*
  auf der Grundlage einer Zielvereinbarung oder eines Kennzahlenvergleichs zur Bewertung einer individuellen oder Teamleistung bzw. des individuellen Arbeitsergebnisses oder Teamergebnisses,
- *Bonus/Tantieme/Gratifikation*
  auf der Grundlage einer Zielvereinbarung oder eines Kennzahlenvergleichs zur Bewertung eines betriebswirtschaftlichen Erfolgs der Unternehmenseinheit/des Unternehmens.

Die Begriffe Prämie und Bonus werden in der Praxis oft synonym für kennzahlen- oder zielorientierte Entgelte verwendet. Unter Prämien werden zumeist monatlich abgerechnete und fällige Zahlungen und unter Boni längerfristig, z. B. quartalsweise, abgerechnete und fällige oder Einmalzahlungen verstanden. In diesem methodischen – aber nicht tarifrechtlichen – Sinne kann hier der Akkord als eine Spezialform der Prämie betrachtet werden. Bei der Entscheidung darüber, welchem Entgeltgrundsatz die ausgewählte Entgeltkomponente zuzuordnen ist, müssen die jeweiligen tariflichen Bedingungen beachtet werden.

■ *Beurteilungs- und Bewertungsschritte*

Bei diesem Verfahren handelt es sich, wie schon betont, um eine auf nutzwertanalytischer Betrachtungsweise basierende Methode zur Auswahl geeigneter Entgeltsysteme. Die Vorgehensweise vollzieht sich in fünf Schritten. Die hierbei verwendeten Formblätter werden beim jeweiligen Vorgehensschritt erläutert.

Die Vorgehensschritte sind:

1. Festlegen der Ziele, die durch das Entgeltsystem unterstützt werden sollen:
   - Unternehmensziele,

- betriebswirtschaftliche Ziele,
- arbeitsorganisatorische Ziele,
- Leistungsziele.

2. Gewichten der Ziele durch jeden Teilnehmer der Bewertungsgruppe.
3. Auswerten der Gewichtungsergebnisse von Schritt 2.
4. Auswählen der Bezugsebene des Entgeltsystems (individuell, teambezogen, unternehmensbezogen).
5. Auswahl der Entgeltmethode (Kennzahlenvergleich, Zielvereinbarung, Beurteilung).
6. Auswahl der optimalen Entgeltkomponente.

Im Folgenden wird das Vorgehen am Beispiel eines Teams im Einkauf aufgezeigt.

Schritt 1

Festlegung der Ziele

Jeder Teilnehmer des Bewertungsteams (Geschäftsführer, Personalleiter usw.) nennt die aus seiner Sicht wichtigsten Ziele (Unternehmensziele, betriebswirtschaftliche oder arbeitsorganisatorische Ziele, Leistungsziele), die durch das Entgeltsystem unterstützt werden sollen. Der Moderator erfasst diese Zielnennungen und listet sie wertneutral auf, im vorliegenden Beispiel

1. Termineinhaltung verbessern,
2. Kostenbewusstsein stärken,
3. Qualität des eingekauften Artikelspektrums gewährleisten,
4. zeitliche Flexibilität der Mitarbeiter erhöhen,
5. ständigen Verbesserungsprozess forcieren,
6. Teamergebnis sichern,
7. hohe Leistung des einzelnen Mitarbeiters gewährleisten,
8. Zusammenarbeit und Informationsfluss im Team verbessern,
9. Zusammenarbeit mit anderen Bereichen verbessern,
10. Disposition der eigenen Arbeit verbessern,
11. Aufbau stabiler Lieferbeziehungen,
12. Identifikation mit Unternehmen und Produkten erhöhen.

Schritt 2

Gewichten der Ziele

Die in Schritt 1 genannten Ziele werden in das Formblatt (Abb. 1-7) übertragen. In einem Paarvergleich werden nun die Ziele in den Zeilen und Spalten des Formblattes auf ihre Wichtigkeit hin beurteilt:

- Ist das Ziel der Zeile wichtiger als das der entsprechenden Spalte, sind *4 Punkte* einzusetzen.
- Wird das Ziel von Zeile und Spalte gleich wichtig beurteilt, sind *2 Punkte* einzusetzen.
- Ist das Ziel der Spalte hingegen wichtiger als das der Zeile, sind *0 Punkte* einzusetzen.

In dieser Weise sind von allen Mitgliedern des Bewertungsteams die Paarvergleiche durchzuführen und die Beurteilungsergebnisse im Formblatt I (Abb. 1-7) festzuhalten. Die Bewertungsergebnisse der einzelnen Zeilen werden addiert und in die Punktsummenspalte 13 des Formblattes eingetragen.

Schritt 3

Auswertung der Gewichtungsergebnisse

Die Bewertungsergebnisse von Formblatt I (Zeile 1–12 der Punktsummenspalte 13) jedes Bewertungsteilnehmers werden in die Spalten 1–5 des Formblattes II (Abb. 1-8) übertragen.

Die Bewertungsergebnisse der Spalten 1–5 werden zeilenweise addiert und in Spalte 6 erfasst.

In Spalte 7 wird je Zeile der Anteil der Punktsumme in Prozent von der Gesamtsumme angegeben. In Spalte 8 wird der Rangplatz aufgrund der Höhe des in Spalte 7 ermittelten %-Wertes bestimmt. Das Ziel der Zeile 1 „Termineinhaltung verbessern" erreichte mit 190 Punkten (Spalte 6) bzw. 14,7 Prozent der insgesamt vergebenen Punkte den höchsten Wert und belegt damit Rangplatz 1.

Leistungs-, ergebnis- und erfolgsbezogenes Entgelt

Bewerter: A

Beurteilung:
- 4 Punkte: Zeile wichtiger als Spalte
- 2 Punkte: Zeile und Spalte gleich wichtig
- 0 Punkte: Spalte wichtiger als Zeile

Angestrebte Ziele	1 Termineinhaltung verbessern	2 Kostenbewusstsein stärken	3 Qualität des eingekauften Artikelspektrums gewährleisten	4 zeitliche Flexibilität der Mitarbeiter erhöhen	5 ständigen Verbesserungsprozess forcieren	6 Teamergebnis sichern	7 hohe Leistung d. einzelnen Mitarbeiters gewährleisten	8 Zusammenarb. u. Informationsfluss im Team verbessern	9 Zusammenarbeit mit anderen Bereichen verbessern	10 Disposition der eigenen Arbeit verbessern	11 Aufbau stabiler Lieferbeziehungen	12 Identifikation mit Unternehmen u. Produkten erhöhen	13 Punktsumme 1 – 12
1 Termineinhaltung verbessern	■	2	2	4	4	4	4	2	4	4	4	4	38
2 Kostenbewusstsein stärken	2	■	2	4	4	2	4	2	4	4	4	4	36
3 Qualität des eingekauften Artikelspektrums gewährleisten	2	2	■	2	2	2	4	2	4	2	4	4	30
4 zeitliche Flexibilität der Mitarbeiter erhöhen	0	0	2	■	2	2	2	2	2	2	4	2	20
5 ständigen Verbesserungsprozess forcieren	0	0	2	2	■	2	2	2	2	2	4	2	20
6 Teamergebnis sichern	0	2	2	2	2	■	2	2	2	2	2	2	20
7 hohe Leistung des einzelnen Mitarbeiters gewährleisten	0	0	2	2	2	2	■	2	2	2	2	2	18
8 Zusammenarbeit und Informationsfluss im Team verbessern	2	2	2	2	2	2	2	■	2	2	4	2	24
9 Zusammenarbeit mit anderen Bereichen verbessern	0	0	0	2	2	2	2	2	■	2	2	2	16
10 Disposition der eigenen Arbeit verbessern	0	0	2	2	2	2	2	2	2	■	2	2	18
11 Aufbau stabiler Lieferbeziehungen	0	0	0	0	0	0	0	0	2	2	■	2	8
12 Identifikation mit Unternehmen und Produkten erhöhen	0	0	0	2	2	2	2	2	2	2	2	■	16

Abb. 1-7: Gewichten der mit der Entgeltlösung zu unterstützenden Unternehmens-, betriebswirtschaftlichen, arbeitsorganisatorischen oder Leistungsziele (Formblatt I)

Auswertung von Formblatt I		Bewerter A Punkte	Bewerter B Punkte	Bewerter C Punkte	Bewerter D Punkte	Bewerter E Punkte	Ergebnis der Bewertung		
							Punktsumme Sp. 1-5	Anteil in % von Σ Sp. 6	Rangnummer
Angestrebte Ziele		1	2	3	4	5	6	7	8
Termineinhaltung verbessern	1	38	38	36	40	38	190	14,7	1
Kostenbewusstsein stärken	2	36	34	36	32	36	174	13,5	2
Qualität des eingekauften Artikelspektrums gewährleisten	3	30	28	30	28	26	142	11,0	3
zeitliche Flexibilität der Mitarbeiter erhöhen	4	20	22	24	20	22	108	8,4	4
ständigen Verbesserungsprozess forcieren	5	20	20	18	16	18	92	7,1	8
Teamergebnis sichern	6	20	18	16	18	18	90	7,0	9
hohe Leistung des einzelnen Mitarbeiters gewährleisten	7	18	18	20	22	20	98	7,6	6
Zusammenarbeit und Informationsfluss im Team verbessern	8	24	22	20	22	20	108	8,4	4
Zusammenarbeit mit anderen Bereichen verbessern	9	16	18	16	18	18	86	6,7	10
Disposition der eigenen Arbeit verbessern	10	18	18	20	20	22	98	7,6	6
Aufbau stabiler Lieferbeziehungen	11	8	10	6	8	8	40	3,1	12
Identifikation mit Unternehmen und Produkten erhöhen	12	16	12	10	14	12	64	5,0	11
					Summe (Σ)		1.290	100	

Abb. 1-8: Auswertung der Gewichtungsergebnisse (Formblatt II)

Schritt 4

Auswahl der Bezugsebene

In diesem Schritt wird abgeklärt, ob sich die Erreichung der in Schritt 1 genannten Ziele am besten durch eine Einzelentlohnung, eine Teamentlohnung ohne oder mit individueller Differenzierung bzw. einer Kombination von Team- und Einzelentlohnung oder durch eine von Kennzahlen des Betriebs-/Unternehmenserfolgs abhängige Gestaltung des Entgelts erreichen lassen.

Die Bewertungsergebnisse der Spalte 7 von Formblatt II (Abb. 1-8) werden in das Formblatt III (Abb. 1-9) übertragen.

Die Bewertung der Zweckmäßigkeit der Bezugsebene für die Erreichung der Ziele 1 bis 12 erfolgt anhand einer fünfstufigen Benotung. Diese Benotung mit den Abständen 2, 4, 6, 8 und 10 wurde gewählt, um die Entscheidung hinsichtlich des Rangplatzes zu erleichtern.

Die Gewichtung des jeweiligen Zieles (z. B. Zeile 1 mit 14,7 Prozent) wird mit der entsprechenden Benotung (z. B. für Zeile 1, Spalte „individuell" der Note 2) multipliziert. Der sich daraus ergebende Punktwert (z. B. 29,4) wird in die entsprechende Punktespalte des Formblattes III (Abb. 1-9) eingetragen.

Bei der Bewertung der Spalte „unternehmensbezogen" muss berücksichtigt werden, inwieweit sich die Ziele in betriebswirtschaftlichen Kennzahlen des Gesamtunternehmens widerspiegeln bzw. als spezielle betriebs-/unternehmensbezogene Kennzahl festlegen und abrechnen lassen. Die Punktwerte der einzelnen Spalten (bis zur Spalte „unternehmensbezogen") werden addiert und in der Summenzeile ausgewiesen. Für die Spalte „teambezogen mit individueller Differenzierung/kombiniert mit individuell" ergibt sich beispielsweise eine Gesamtsumme von 820,0 Punkten. Dieser Punktwert bestimmt den Rangplatz und damit die Eignung der jeweiligen Bezugsebene, im Beispiel (Abb. 1-9) bedeuten die 820,0 Punkte den besten Rangplatz der Spalten „individuell" bis „unternehmensbezogen". Auf eine Trennung der in der Spalte „teambezogen mit individueller Differenzierung oder kombiniert mit individueller Komponente" aufgeführten Gestaltungsmöglichkeiten für das Entgelt in gesonderten Spalten „teambezogenes Entgelt mit individueller Differenzierung" oder „teambezogenes Entgelt kombiniert mit individueller Entgeltkomponente" wurde verzichtet, da erfahrungsgemäß beide nahezu gleich bewertet werden. Die Entscheidung für die eine oder andere Variante ist vordergründig zumeist nicht der besseren Eignung dieser oder jener Variante für die Beeinflussbarkeit der Ziele geschuldet, sondern den zur Verfügung stehenden finanziellen Mitteln im Unternehmen.

sehr gut	= Note 10
gut	= Note 8
befriedigend	= Note 6
schlecht	= Note 4
sehr schlecht	= Note 2

Beeinflussbarkeit der Zielerreichung durch Entgeltgestaltung

Angestrebte Ziele	Ergebnisse aus Formblatt II: Spalte 7 %	individuell		teambezogen ohne individuelle Differenzierung		teambezogen mit indiv. Differenzierung oder kombiniert mit indiv. Kompon.		unternehmensbezogen		kombiniert unternehmens-/teambezogen/individuell	
		Note	Pkte	Note	Pkte	Note	Pkte	Note	Pkte	Note	Pkte
Termineinhaltung verbessern	14,7	2	29,4	8	117,6	8	117,6	4	58,8	8	117,6
Kostenbewusstsein stärken	13,5	6	81,0	8	108,0	8	108,0	6	81,0	8	108,0
Qualität des eingekauften Artikelspektrums gewährleisten	11,0	6	66,0	6	66,0	8	88,0	6	66,0	8	88,0
zeitliche Flexibilität der Mitarbeiter erhöhen	8,4	8	67,2	4	33,6	8	67,2	4	33,6	8	67,2
ständigen Verbesserungsprozess forcieren	7,1	6	42,6	6	42,6	8	56,8	4	28,4	8	56,8
Teamergebnis sichern	7,0	2	14,0	10	70,0	10	70,0	6	42,0	10	70,0
hohe Leistung des einzelnen Mitarbeiters gewährleisten	7,6	8	60,8	4	30,4	10	76,0	2	15,2	10	76,0
Zusammenarbeit und Informationsfluss im Team verbessern	8,4	2	16,8	8	67,2	8	67,2	4	33,6	8	67,2
Zusammenarbeit mit anderen Bereichen verbessern	6,7	4	26,8	6	40,2	8	53,6	10	67,0	10	67,0
Disposition der eigenen Arbeit verbessern	7,6	4	30,4	4	30,4	8	60,8	2	15,2	8	60,8
Aufbau stabiler Lieferbeziehungen	3,1	4	12,4	6	18,6	8	24,8	2	6,2	8	24,8
Identifikation mit Unternehmen und Produkten erhöhen	5,0	4	20,0	6	30,0	6	30,0	10	50,0	10	50,0
Auswertung Summe			467,4		654,6		820,0		497,0		853,4
Punkte = % *Note Rang			5		3		2		4		1

Abb. 1-9: *Auswahl der Bezugsebene der Entgeltform: „individuell, teambezogen, unternehmensbezogen, kombiniert" (Formblatt III)*

Leistungs-, ergebnis- und erfolgsbezogenes Entgelt

Im Weiteren wird geprüft, ob durch Kombination der so ermittelten günstigsten Lösung mit einer weniger gut bewerteten Gestaltungsmöglichkeit ein noch besseres Ergebnis erzielt werden kann. Da die Gestaltungsmöglichkeit „teambezogenes Entgelt mit individueller Differenzierung bzw. teambezogenes Entgelt kombiniert mit individueller Entgeltkomponente" bereits den individuellen Leistungsbeitrag im Entgelt berücksichtigt, ergibt sich als weitere sinnvolle Kombination nur noch die Kombination mit einer betriebs-/unternehmenserfolgsbezogenen Entgeltkomponente. Auf Grund der besseren Beeinflussbarkeit der Ziele

- „Zusammenarbeit mit anderen Bereichen verbessern" sowie
- „Identifikation mit dem Unternehmen und den Produkten erhöhen"

mittels einer betriebs-/unternehmenserfolgsabhängigen Entgeltkomponente ließe sich durch die Kombination mit einer solchen Komponente eine insgesamt bessere Beeinflussbarkeit der Ziele in ihrer Gesamtheit erreichen. Im Formblatt III (Abb. 1-9) ist das aus der letzten Spalte ersichtlich (Rangplatz 1 und 853,0 Bewertungspunkten); die Teamentlohnung allein mit individueller Differenzierungsmöglichkeit erreicht 820,0 Punkte und damit Rangplatz 2.

Schritt 5

Auswahl der Entgeltmethode

In diesem Schritt wird geprüft, ob sich die Erfüllung der in Schritt 1 genannten Ziele am besten durch Kennzahlenvergleich, Zielvereinbarung, Leistungsbeurteilung oder eine Kombination daraus erreichen lassen.

Die Bewertungsergebnisse der Spalte 7 von Formblatt II (Abb. 1-8) werden auch in das Formblatt IV (Abb. 1-10) übertragen.

Die Bewertung der Zweckmäßigkeit der Anwendung des Kennzahlenvergleichs, von Zielvereinbarungen oder einer Leistungsbeurteilung für die Erreichung der Ziele 1 bis 12 erfolgt ebenfalls anhand der fünfstufigen Benotung mit den Werten 2, 4, 6, 8 und 10.

Die Gewichtung des jeweiligen Zieles (z. B. Zeile 1 mit 14,7 Prozent) wird wie im Schritt 4 mit der entsprechenden Benotung (Zeile 1 die Note 10) multipliziert und der sich daraus ergebende Punktwert (z.B. 147,0) in die entsprechende Punktspalte des Formblattes IV (Abb. 1-10) eingetragen.

Die Punktwerte der einzelnen Spalten werden wiederum addiert und in der Summenzeile ausgewiesen. Für die Spalte „Zielvereinbarung und Bewertung der Zielerreichung" ergibt sich beispielsweise eine Gesamtsumme von 753,6

sehr gut	= Note 10
gut	= Note 8
befriedigend	= Note 6
schlecht	= Note 4
sehr schlecht	= Note 2

Angestrebte Ziele	Ergebnisse aus Formblatt II: Spalte 7 %	Beeinflussbarkeit der Zielerreichung durch die Entgeltmethode					
		Soll-Ist-Vergleich anhand vorgegebener Kennzahlen		Zielvereinbarung und Bewertung der Zielerreichung		Beurteilung der Merkmale / Kriterien	
		Note	Punkte	Note	Punkte	Note	Punkte
Termineinhaltung verbessern	14,7	10	147,0	10	147,0	6	88,2
Kostenbewusstsein stärken	13,5	8	108,0	10	135,0	6	81,0
Qualität des eingekauften Artikelspektrums gewährleisten	11,0	8	88,0	8	88,0	6	66,0
zeitliche Flexibilität der Mitarbeiter erhöhen	8,4	4	33,6	6	50,4	6	50,4
ständigen Verbesserungsprozess forcieren	7,1	4	28,4	6	42,6	6	42,6
Teamergebnis sichern	7,0	10	70,0	10	70,0	6	42,0
hohe Leistung des einzelnen Mitarbeiters gewährleisten	7,6	10	76,0	10	76,0	6	45,6
Zusammenarbeit und Informationsfluss im Team verbessern	8,4	2	16,8	4	33,6	6	50,4
Zusammenarbeit mit anderen Bereichen verbessern	6,7	2	13,4	4	26,8	6	40,2
Disposition der eigenen Arbeit verbessern	7,6	4	30,4	6	45,6	6	45,6
Aufbau stabiler Lieferbeziehungen	3,1	4	12,4	6	18,6	6	18,6
Identifikation mit Unternehmen und Produkten erhöhen	5,0	4	20,0	4	20,0	6	30,0
Auswertung	Summe		644,0		753,6		600,6
Punkte = % *Note	Rang		2		1		3

Abb. 1-10: Auswahl der Entgeltmethode: „Kennzahlenvergleich, Zielvereinbarung, Leistungsbeurteilung" (Formblatt IV)

Punkten. Dieser Punktwert bestimmt den Rangplatz und damit die Wertigkeit der jeweiligen Ermittlungsmethode, im Beispiel (Abb. 1-10) der Rangplatz 1.

Die Bewertung im Formblatt III (Abb. 1-9) zeigte, dass sich die Erfüllung der dort genannten Ziele am besten mit einer Kombination aus betriebs-/unternehmenserfolgsbezogener und teambezogener Entgeltkomponenten mit individueller Differenzierungsmöglichkeit erreichen lässt (Rangplatz 1 und 841,2 Bewertungspunkten).

Anhand der in den vorstehend beschriebenen Schritten bestimmten Eignung der Bezugsebene und der Entgeltmethode erfolgt dann die konkrete Ausgestaltung des Entgeltsystems. Im vorliegenden Beispiel wäre somit eine Entgeltlösung zweckmäßig, die das teambezogene Entgelt von einer Zielvereinbarung und das individuelle Entgelt von einer Leistungsbeurteilung abhängig gestalten würde. Diese Kombination ist sinnvoll, da gerade die für eine individuelle Bewertung wichtigen Merkmale im Schritt 5 eine hohe Bewertung bezüglich der Leistungsbeurteilung erhalten haben. Im Interesse der Glaubwürdigkeit des ausgewiesenen erfolgsabhängigen Entgelts erweist es sich als sinnvoll, grundsätzlich einen Vergleich der erreichten mit geplanten betriebswirtschaftlichen Kennzahlen zugrunde zu legen. Als nachfolgender Schritt sind die Ziele zu operationalisieren. Dabei muss geprüft werden, welche der in Schritt 1 genannten Ziele sich in vorhandenen betrieblichen Kennzahlen ausdrücken bzw. aus welchen im Unternehmen vorliegenden Daten sich Kennzahlen wirtschaftlich vertretbar aggregieren lassen. Für die Ziele, die am besten durch Beurteilung (lt. Schritt 5) beeinflusst werden können, müssen die Beurteilungsmerkmale definiert werden. Anhand des vorliegenden abstrahierten Beispiels ist eine Operationalisierung nicht hilfreich. Deshalb wird an dieser Stelle darauf verzichtet. Wie vielfältig die konkrete Ausgestaltung des Entgeltsystems unter Berücksichtigung der ermittelten geeigneten Bezugsebene und Entgeltmethode noch sein kann, zeigen die in den nachfolgenden Kapiteln beschriebenen betrieblichen Lösungen. Darüber hinaus sei auf das Taschenbuch des IfaA „Erfolgsfaktor Kennzahlen" verwiesen, in dem betriebliche Ziele in Form von Kennzahlen und das Herunterbrechen der Kennzahlen auf die verschiedenen Empfangsebenen ausführlich dargestellt sind (vgl. *IfaA*, 2000a).

2 Zielvereinbarung und variable Vergütung

von G. Olesch

2.1 Unternehmen

Branche:	Elektrotechnik-Elektronik-Industrie
Produkte:	Elektronische und elektrotechnische Verbindungstechnik
Fertigungsart:	Serienfertigung
Beschäftigte:	> 1500
In das Entgeltsystem einbezogene Mitarbeiter:	getrennte Systeme für tarifliche Angestellte, außertarifliche und leitende Angestellte, spezielle Mitarbeitergruppen

2.2 Anlass/Ausgangssituation

Das Unternehmen gehört zu den weltweiten Marktführern der elektronischen und elektrotechnischen Verbindungstechnik. Es befindet sich in einem besonders schnell verändernden, innovativen Markt, auf dem die Mitarbeiter eine enorme Flexibilität beweisen müssen. Personalkosten stellen auch hier einen der entscheidendsten Kostenfaktoren dar. Da sie beständig wachsen, besteht in vielen Unternehmen eine starke Tendenz, Produktionen in Länder mit geringeren Lohnkosten zu verlagern. Die Personalkosten in der Industrie werden so zwar reduziert, die Kosten durch Arbeitslose für den Staat jedoch erhöht. Besonders ungelernte oder angelernte Arbeiter sind davon betroffen. Aber auch Facharbeiter und hoch Qualifizierte werden in den Strudel hineingerissen.

Wir stehen nicht nur mit unseren Produkten unter dem Kostendruck von low-price Ländern. Um konkurrenzfähig zu bleiben, ist es besonders wichtig, die Leistungsfähigkeit der Mitarbeiter zu fördern. Das geschieht durch adäquate Motivation und Führung, aber auch durch leistungsorientierte Entgeltsysteme. Davon ausgehend stellten sich die Fragen: Wie kann man die Leistungsfähigkeit von Mitarbeitern fördern? Welche Instrumente kann man einsetzen, die ihnen dazu Anreize geben? Bei einer innovativen Unternehmenskultur wird durch Zielvereinbarungen geführt (*Hendricks/Ludemann*, 1997). Deshalb wurden

Zielvereinbarungs- und Beurteilungssysteme geschaffen, die eine variable, leistungsbezogene Vergütung verschiedener Mitarbeitergruppen zur Folge haben. Bei der Bearbeitung und Realisierung dieser komplexen und wichtigen Aufgabe leistete das Personalmanagement einen entscheidenden Beitrag.

2.3 Ziele der Entgeltlösung

Das neue Entgeltsystem soll dazu beitragen, dass der Vorgesetzte regelmäßig mit den Mitarbeitern die Aufgabenziele für den kommenden Zeitraum gemeinsam definiert und vereinbart. Die Ziele sollen aus den Unternehmenszielen abgeleitet sein. Durch klare Zielvereinbarungen soll eine hohe Motivation des Mitarbeiters erreicht werden, aus der dann eine Steigerung der Leistungsfähigkeit resultiert. Indem der Vorgesetzte vertrauensvoll delegiert, soll er zugleich entlastet werden, um sich weiteren Aufgaben widmen zu können. All das muss zu einer Effizienzsteigerung des Unternehmens führen.

Für die Entgeltsysteme der verschiedenen Mitarbeitergruppen sollen primär messbare Parameter Anwendung finden, um subjektive Aspekte auf ein Minimum zu reduzieren. Dies hat zur positiven Folge, dass ein geringerer Argumentations- und Diskussionsbedarf zwischen Mitarbeiter und Vorgesetztem besteht. Daher gelten für die einzelnen Zielvereinbarungs- und Beurteilungssysteme einheitlich folgende Anforderungen:

- ◆ Überprüfbarkeit der Kriterien und der Zielerreichung,
- ◆ Transparenz und Nachvollziehbarkeit,
- ◆ Einfachheit statt umfangreicher Administration,
- ◆ Beurteilung pro Jahr.

In verschiedenen Unternehmen, die sich für die Arbeit mit Zielvereinbarungen entschieden haben, werden von den Vorgesetzten z. T. keine Ziele vereinbart, sondern Maßnahmen. Ein Ziel ist aber immer ein Zustand, der erreicht werden soll. Es muss vor allem messbar sein. Eine Maßnahme dagegen wäre ein Tun oder der Weg (vgl. Abb. 2-1).

Führen durch Maßnahmen wird von den Mitarbeitern meistens als Gängeln angesehen und hat bei weitem nicht die motivierende Wirkung wie Zielvereinbarungen. Deshalb gilt für jeden Vorgesetzten: Das Ziel muss gemeinsam vereinbart werden, den Weg zur Erreichung beschreitet der Mitarbeiter selber. Schließlich hat das Unternehmen höchstqualifizierte Mitarbeiter, die in der Lage sind, Wege bzw. Maßnahmen selber zu entwickeln. Außerdem werden da-

Falsch: Maßnahme	Richtig: Ziel
„Wir haben viel zu hohe Lagerkosten. Gehen Sie da mal ran."	„Der Lagerbestand ist in 2 Monaten um 25 % zu verringern."
„Es kommen zu viele Qualitätsmängel vor. Der Kunde beschwert sich zu häufig. Da müssen wir dringend etwas machen."	„Der Ausschuss ist bis Ende der 33. KW um 30 % zu senken."
„Der Wettbewerb liefert viel schneller als wir. Da müssen wir besser werden."	„Die Lieferzeit ist bis Ende des Jahres um 2 Tage zu verkürzen."
„Ihrer Abteilung fehlen schon recht lange einige Spezialisten. Sie sollten möglichst schnell etwas tun."	„Der Personalstand in ihrer Abteilung ist bis Mitte des Jahres um 3 Fachkräfte aufzustocken."

Abb. 2-1: *Maßnahme versus Ziel*

durch die Führungskräfte entlastet und können sich mehr ihren Führungs- und strategischen Aufgaben widmen.

2.4 Aufbau des Entgeltsystems

Als Entgeltsystem wurde Gehalt mit einer Leistungszulage eingeführt, wobei die Leistungszulage durch Beurteilungs- und Zielvereinbarungssysteme bestimmt wird. Die jeweilige Erreichung der Ziele wird in der Beurteilung definiert. Hier erhält der Mitarbeiter Feed-back durch den Vorgesetzten.

Im Folgenden werden die verschiedenen Systeme zur Zielerreichung, Beurteilung und Vergütung für:

◆ leitende Angestellte,

◆ angestellte Mitarbeiter,

◆ spezielle Mitarbeitergruppen

vorgestellt.

Alle Mitarbeiter verfügen in ihrem Gehalt über eine variable Komponente. Die Beurteilungssysteme werden zur Motivation, Personalentwicklung und Vergütung der Mitarbeiter eingesetzt. Das Gehalt bei allen Positionen besteht aus einem Fixum und einer variablen Komponente. Die variable Komponente wird durch Zielvereinbarungen und deren Erreichung pro Jahr bestimmt. Sie macht je nach Funktion maximal 40 Prozent des Jahressalärs aus.

2.4.1 Leitende und außertarifliche Angestellte

Leitende Angestellte haben eine besondere Verantwortung im Unternehmen. Daher wird ein spezielles Zielvereinbarungs- und Beurteilungssystem eingesetzt. Einmal im Jahr wird das Fixum bzw. Monatsgehalt aufgrund der Anforderungen der Position bestimmt. Weiterhin definiert am Ende eines Geschäftsjahres die Geschäftsführung mit jedem leitenden Angestellten die Ziele für das kommende Geschäftsjahr. Während des Jahres erfolgt ein ständiger Soll-Ist-Vergleich bezüglich der Zielerreichung. Gegen Ende eines Jahres wird Resümee gezogen und daraus die Tantieme abgeleitet. In Abhängigkeit von den erreichten Ergebnissen kann die Tantieme unterschiedlich hoch ausfallen (vgl. Abb. 2-2).

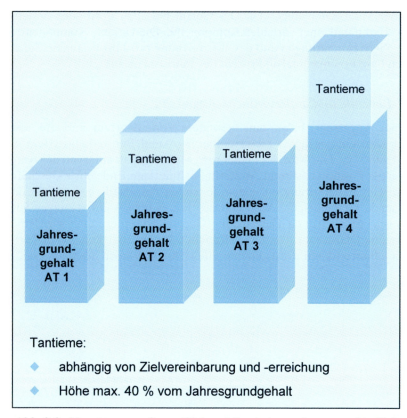

Abb. 2-2: Vergütung außertariflicher Mitarbeiter mit unterschiedlich hohen Leistungskomponenten

Zur jährlichen Gehalts- und Tantiemeregelung wird der in Abb. 2-3 dargestellte Beurteilungsbogen eingesetzt.

	Variable Vergütungskomponente für leitende Angestellte				
1	Erreichung spezieller Jahresziele	-	+/-	+	++
1					
2					
3					
4					
5					
6					
7					
2	Erfüllung klassischer Aufgaben im Jahr	-	+/-	+	++
1					
2					
3					
4					
5					
	Summe				
		-	+/-	+	++
3	Führungsverhalten/Unternehmenskultur				
4	Loyalität				
5	Relevanz der Funktion im Unternehmen				
6	Dauer der Zugehörigkeit				
	Summe				
	Veränderung der Vergütungsgruppen, z.B.	-a	0	+x	+ x+y

Abb. 2-3: Beurteilungsbogen für die Bewertung der Zielerreichung und des Verhaltens

Insgesamt werden sechs Kriterien bewertet, wovon zwei vereinbarte Ziele und vier Verhaltensaspekte zum Inhalt haben. Bezüglich der Zielerreichung werden unterschieden:

1 Erreichung spezieller Jahresziele

Dabei stehen die zu Beginn des Jahres vereinbarten Ziele und ihre Erreichung im Vordergrund. Vereinbart werden hierbei bis zu sieben Jahresziele. Je ausgeprägter die Zielerreichung ist, desto höher ist die Tantieme für dieses Kriterium.

2 Erfüllung klassischer Aufgaben im Jahr

Gemeint ist die Zielerreichung der Aufgaben, die zu den traditionellen Schwerpunkten des leitenden Angestellten gehören. Das können z. B. die Ergebnisse der unterstellten Bereiche oder Abteilungen sein. Hierbei werden ebenfalls mehrere Aufgaben bewertet, i. d. R. bis zu fünf Schwerpunkte.

Neben der Zielerreichung wird das dabei gezeigte Verhalten des leitenden Angestellten beurteilt. Während die Zielerreichung das „Was" ist, ist das Verhalten das „Wie". Beides sind entscheidende Parameter des Erfolgs. Bezüglich des Verhaltens werden bewertet:

3 Führungsverhalten/Unternehmenskultur

Der leitende Angestellte versteht es, seine Mitarbeiter von ihrer Aufgabenstellung zu überzeugen und betriebliche Ziele zu ihren eigenen Zielen zu machen. Er hat Zeit für seine Mitarbeiter und fördert die fachliche und persönliche Entwicklung. Dabei delegiert er Aufgaben, Kompetenzen und Verantwortlichkeiten, ohne sie abzuschieben. Er unterstützt die Selbstständigkeit und beurteilt die Mitarbeiter ausgewogen und treffsicher. Spricht Anerkennung und Kritik offen aus.

4 Loyalität

Er ist loyal zum Unternehmen. Vertritt überzeugend Unternehmensentscheidungen und informiert die Geschäftsleitung oder den direkten Vorgesetzten umfassend, auch bei kritischen Aspekten.

5 Relevanz der Funktion im Unternehmen

Wie wichtig ist die Funktion des leitenden Angestellten für die jährlichen Unternehmensziele und welchen Stellenwert haben seine anstehenden Jahresprojekte. Dies kann von Jahr zu Jahr variieren.

6 Dauer der Zugehörigkeit

Wie lange ist der leitende Angestellte in seiner Funktion im Unternehmen tätig. Mit diesem Kriterium soll die Bindung an das Unternehmen verstärkt werden.

Für die Bewertung der Zielerreichung und die Verhaltenskriterien stehen die vier Beurteilungsstufen ++, +, +- und – zur Verfügung. Die Beurteilung nimmt der Vorgesetzte – in der Regel die Geschäftsführung oder der Vorstand – vor. Das Beurteilungsergebnis wird genutzt, um das jährliche Grundgehalt und die jährlich einmalige Tantiemezahlung zu definieren. Ausgehend von der bezüglich der Einzelkriterien erzielten Beurteilung entscheidet der Vorgesetzte über die Veränderung der Vergütung. Vier Möglichkeiten stehen zur Auswahl (vgl. Abb. 2-3):

+ x bedeutet: Es findet, je nach erfolgter Zielerreichung, eine Stufe von Gehalts- bzw. Tantiemeerhöhung statt;

+x+y bedeutet: Es findet, je nach erfolgter Zielerreichung, eine Doppelstufe von Gehalts- bzw. Tantiemeerhöhung statt.

Die Nominalwerte für +x oder +x+y können je Ertragssituation von Jahr zu Jahr variieren.

0 bedeutet: Es kommt zu keiner Veränderung der Vergütungsgruppe oder der Tantieme, da die Ziele nur mit mindestdurchschnittlicher Leistung erreicht worden sind;

-a bedeutet: Es findet ein Kritikgespräch statt, da gewisse Negativleistungen vorliegen, die auch zur Reduzierung der Gehaltserhöhung führen können. D. h., wenn alle Mitarbeiter z. B. 1,5 % Entgelterhöhung erhalten, kann bei einem leitenden Mitarbeiter mit Negativleistung, diese nicht gezahlt werden.

2.4.2 Angestellte Mitarbeiter

Bei Angestellten besteht das Entgelt entsprechend den tarifvertraglichen Regelungen aus dem Grundgehalt als fixer Komponente und der variablen Komponente, die aus einer Zielvereinbarung und Beurteilung besteht (vgl. Abb. 2-4).

Das Grundgehalt wird durch Aufgabenbeschreibungen des Tarifs der Metall- und Elektroindustrie und aktuellen Stellenbildern des Unternehmens bestimmt. Die variable Komponente beträgt maximal 12 Prozent, bezogen auf das Grundgehalt. Bis zu 8 Prozent werden anhand einer Beurteilung ermittelt, und 4 Prozent sind an das Erreichen der in den regelmäßigen Mitarbeitergesprächen schriftlich vereinbarten Ziele gebunden.

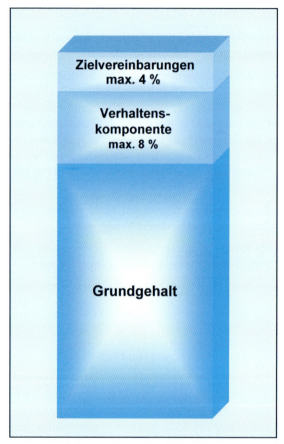

Abb. 2-4: Komponenten des Entgelts von Angestellten

Der Feedbackbogen (Beurteilungsbogen) besteht aus zwei Einheiten. Auf der ersten Seite werden die Zielvereinbarungen für die nächste Beurteilung erfasst (Abb. 2-5).

Ziel- und Aufgabenvereinbarungen bis zur nächsten Beurteilung

Ziele	Vereinbarungen*			Gewichtung Verteilung von 16 Punkten	Feedback-Zwischengespräch
	Termin	Kosten/ Umsatz	3. Kriterium		
Einführung neuer Anwendersoftware	31.12.2000	max. xx DM	Schulung abgeschlossen	4 Punkte	---
Ausdehnung des Marktanteils der Produktfamilie X	30.08.2000	um xx %	Branche Z	12 Punkte	30.04.2000

* Anmerkung: Kriterien, an denen die Zielerreichung gemessen wird.

Abb. 2-5: Feedbackbogen (Beurteilungsbogen) mit Zielvereinbarungen für Angestellte (Beispiel)

Ziele sind z. B.
- Senken des Büromaterialbudgets,
- Verfahren zur Veranstaltungsorganisation,
- Reduktion von Papier im Büro,
- Einführen einer neuen Software.

Zudem verabredet der Vorgesetzte mit dem Mitarbeiter Entwicklungsziele, die auf dem Zielvereinbarungsbogen festgehalten werden. Die erreichte Entwicklung im Laufe des Jahres wird im Beurteilungsgespräch ausgewertet.

Auf der zweiten Seite des Beurteilungsbogens wird das Verhalten anhand der im Tarifvertrag festgelegten Merkmale beurteilt (Abb. 2-6).

Leistungsbeurteilung							
Name, Vorname:	Abteilung:						
Beurteilungsdatum:	Beurteiler/in:						
Beurteilungsmerkmale	Leistungsstufen						
	I	II	III	IV	V	VI	VII
I. Beurteilung von laufenden Aufgaben/Aufgabenfeldern	Punkte						
	0	4	8	12	16	20	24
1. Arbeitseinsatz/ Arbeitsintensität							
2. Umsetzung und Entwicklung der fachlichen und persönlichen Fähigkeiten							
3. Zusammenarbeit/Teamfähigkeit/ggf. Führungsverhalten							
4. Selbstständigkeit							
				xx Punkte / 12 = xx %			

Abb. 2-6: Beurteilungskarte mit der Verhaltensbeurteilung für Angestellte

Die Merkmale wurden durch betriebliche Kriterien untersetzt, die bei der Durchführung der Beurteilung dem Vorgesetzten als Anhaltspunkte dienen. Im Folgenden sind betriebliche Untersetzungen zu den Merkmalen aufgeführt:

■ *Arbeitseinsatz/Arbeitsintensität*

Z. B.: Umfang der erzielten Arbeitsergebnisse, Intensität der Arbeitsleistung, Zeitausnutzung, Wirksamkeit, Zweckmäßigkeit des Arbeitseinsatzes, Kostenbewusstsein, Ausdauer bei der Arbeitsleistung, Gewandtheit bei besonderen oder schwierigen Aufgaben (Geübtheit, Sicherheit, Wendigkeit)

■ *Umsetzung und Entwicklung der fachlichen und persönlichen Fähigkeiten*

Z. B.: Verantwortungsbereitschaft, Loyalität, Überblick/Umsicht, Setzen von Prioritäten, Planung/Disposition, rationelle Vorgehensweise, Reaktion in Ausnahmesituationen, Aufgeschlossenheit gegenüber Neuem, Einsatzbereitschaft, Belastbarkeit, Flexibilität, Engagement, Initiative, Motivation, Entscheidungsfähigkeit, Zielstrebigkeit, gezeigte Selbstständigkeit

■ *Zusammenarbeit/Teamfähigkeit, ggf. Führungsverhalten*

Z. B.: Informationsaustausch, Weitergabe von Kenntnissen, Mitarbeit im Team, Bereitschaft zur Zusammenarbeit, Einbringen von Erfahrungswerten in die Zusammenarbeit mit anderen Mitarbeitern, Integration, Darstellung/Ausdrucksvermögen, Sozialverhalten, Überzeugungsfähigkeit, Delegation, Einhalten von Absprachen

■ *Selbstständigkeit*

Z. B.: Eigeninitiative bei der Arbeit, eigene Lösungsansätze realisieren, Führung des Vorgesetzten kaum nötig, kreative Gedanken in die Realität umsetzen.

2.4.3 Systeme für spezielle Mitarbeitergruppen

2.4.3.1 Gebietsvertriebsleiter

Der Gebietsvertriebsleiter ist verantwortlich für die Durchsetzung der Marktstrategien des Unternehmens. Er ist für die Steuerung, Motivierung, Koordinierung, Information und Kontrolle der Mitarbeiter seiner Vertriebsgruppe des Innendienstes sowie des Außendienstes in seinem Gebiet verantwortlich. Der inländische Markt wurde in mehrere Gebiete aufgeteilt, für die eine entsprechende Anzahl von Gebietsvertriebsleitern zuständig ist. Sie betreuen das ihnen übertragene Gebiet im Sinne einer optimalen Koordination sowohl unternehmensinterner als auch -externer Funktionsabläufe. Der Gebietsvertriebsleiter verantwortet zielorientiertes Handeln in seinem Gebiet zur Vergrößerung und Erhaltung des Marktanteils sowie zur Verbesserung bzw. Erreichung der Umsätze und Deckungsbeiträge. Weiterhin ist er zuständig für die Analyse des Marktes und der Wettbewerber aufgrund vorgegebener Plandaten und operationaler Ziele. Er entwickelt daraus Perspektiven für die weitere Markt- und Produktentwicklung. Die Außendienstler führt er durch eine gemeinsame Zielvorgabe über den Umsatz des folgenden Jahres. Monatlich wird ein Vertriebscontrolling mit Soll-Ist-Vergleich vorgenommen. Falls notwendig, steuert er bei den Außendienstlern entsprechende Maßnahmen ein. Da es sich eher um eine

Managementaufgabe handelt, agiert er zu ca. 80 Prozent im Unternehmen und 20 Prozent vor Ort beim Kunden.

Er ist der Steuerer und Koordinator aller Vertriebsfunktionen in seiner Region. Sein Gehalt besteht aus einem Fixum und einer variablen Komponente (vgl. Abb. 2-7).

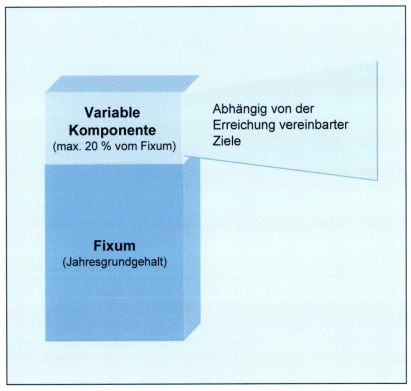

Abb. 2-7: Entgeltaufbau Gebietsvertriebsleiter

Wenn das Fixum als 100 Prozent betrachtet wird, erhält er zusätzlich Bezüge durch eine variable Komponente, die durch eine Zielvereinbarung und deren Erreichung pro Jahr definiert wird. Sie kann maximal 20 Prozent des Jahressalärs ausmachen. Vor der konkreten Zielvereinbarung definiert die Geschäftsführung die Schwerpunkte für den Vertrieb und die Verteilung der variablen Komponente auf diese Schwerpunkte, z. B.:

8 %	auf Umsatzsteigerung aller Produkte außer der speziellen Produktgruppe im eigenen Gebiet
4 %	auf Umsatzsteigerung der speziellen Produktgruppe im eigenen Gebiet
4 %	auf Gewinnung von Schlüsselkunden
4 %	auf unternehmensgünstige Konditionen (Rabatte, Soll-Netto-Preise)

Auf dieser Grundlage werden die Ziele am Ende eines Jahres für das kommende Geschäftsjahr zwischen Vorgesetztem und Mitarbeiter vereinbart. Ein Beispiel für die Zielvereinbarung mit einem Gebietsvertriebsleiter zeigt Abb. 2-8. Die Ziele sind in einer Excel-Datei archiviert und können jährlich neu definiert werden.

	Variable Gehaltskomponente für Gebietsvertriebsleiter
A. Umsatzsteigerung aller Produktgruppen außer der speziellen, strategischen	
Umsatzziel kommendes Jahr	32.000.000 DM
Umsatz vergangenes Jahr	29.000.000 DM
Maximale Steigerung	3.000.000 DM gleich max. 8 %
Tatsächlich erreichtes Umsatzziel	
Tatsächlich erreichte Steigerung	
Erreichter Prozentsatz	
Jahresfestgehalt des GVL´s	120.000 DM
% des Jahresgehalts	
B. Umsatzsteigerung der speziellen, strategischen Produktgruppe	
Umsatzziel kommendes Jahr	7.000.000 DM
Umsatz vergangenes Jahr	5.000.000 DM
Maximale Steigerung	2.000.000 DM gleich max. 4%
Tatsächlich erreichtes Umsatzziel	
Tatsächlich erreichte Steigerung	
Erreichter Prozentsatz	
% des Jahresgehalts	
C. Gewinnung von folgenden Kunden	
Maximale Erreichbarkeit 4 % auf das Jahresgehalt	
Kunde A	2 %
Kunde B	2 %
Erreichter Prozentsatz	
% des Jahresgehalts	
D. Rabatteinhaltung	
Maximale Erreichbarkeit 4 % auf das Jahresgehalt	
0,5 % Rabattsenkung	4 %
Erreichter Prozentsatz	
% des Jahresgehalts	
Summe aller Prozentsätze zum Jahresgehalt Summe Jahresgehalt	

Abb. 2-8: Tabelle zur Ermittlung der variablen Vergütungskomponente mit vereinbarten Zielen

Nach Ablauf des Geschäftsjahres erfolgt die Abrechnung der Zielerreichung und die Ermittlung der variablen Vergütungskomponente anhand der gleichen Excel-Tabelle (vgl. Abb. 2-9).

2.4.3.2 Außendienstberater

Diese Mitarbeiter sind für erklärungsbedürftige Produkte zuständig, die über eine lang andauernde Projektierung betreut werden. Sie sind fast ausschließlich im Außendienst tätig, führen jedoch keine Verkaufsgespräche mit Abschluss eines Kaufvertrages. Das macht nur der zuvor genannte Verkaufsaußendienst. Ihre Verantwortung erstreckt sich auf ein zielorientiertes Handeln im übertragenen Markt- und Projektbereich im Sinne der bestmöglichen Erfüllung der vorgegebenen Projekt- und Produktziele sowie größtmöglicher Kundenorientierung. Dazu gehört, die Marktstellung des Unternehmens im elektronischen Produktbereich zu festigen und auszubauen, bestehende Kunden- und Projektbeziehungen zu pflegen sowie neue Kunden zu gewinnen. Ein intensives Berichtswesen vom Kunden zum Unternehmen zu forcieren, ist eine weitere wichtige Aufgabe. Der Außendienstberater arbeitet vor Ort mit einem Home-office. Ziele der variablen Vergütung sind bei dieser Mitarbeitergruppe die Umsatzsteigerung in der speziellen strategischen Produktgruppe sowie die Gewinnung von Neukunden für diese Produktgruppe. Hier kann das Jahresgehalt maximal um 20 Prozent erhöht werden. Der variable Anteil verteilt sich wie folgt:

6 %	auf Umsatzsteigerung einer speziellen strategischen Produktgruppe im eigenen Gebiet
6 %	auf Akquisition spezieller Neukunden
4 %	auf Seminaraktionen
4 %	auf Verkaufsverhalten, wie Berichtswesen, Wettbewerbsbeobachtung, Unterstützung der anderen Produktgruppen etc.

	Variable Gehaltskomponente für Gebietsvertriebsleiter
A. Umsatzsteigerung aller Produktgruppen außer der speziellen, strategischen	
Umsatzziel kommendes Jahr	32.000.000 DM
Umsatz vergangenes Jahr	29.000.000 DM
Maximale Steigerung	3.000.000 DM gleich max. 8 %
Tatsächlich erreichtes Umsatzziel	31.500.000 DM
Tatsächlich erreichte Steigerung	2.500.000 DM
Erreichter Prozentsatz	6,67 %
Jahresfestgehalt des GVL´s	120.000 DM
6,67 % des Jahresgehalts	8.000 DM
B. Umsatzsteigerung der speziellen, strategischen Produktgruppe	
Umsatzziel kommendes Jahr	7.000.000 DM
Umsatz vergangenes Jahr	5.000.000 DM
Maximale Steigerung	2.000.000 DM gleich max. 4%
Tatsächlich erreichtes Umsatzziel	6.400.000 DM
Tatsächlich erreichte Steigerung	1.400.000 DM
Erreichter Prozentsatz	2,80 %
2,80 % des Jahresgehalts	3.360 DM
C. Gewinnung von folgenden Kunden	
Maximale Erreichbarkeit 4 % auf das Jahresgehalt	
Kunde A	2 %
Kunde B	2 %
Erreichter Prozentsatz	4,0 %
4,0 % des Jahresgehalts	4.800 DM
D. Rabatteinhaltung	
Maximale Erreichbarkeit 4 % auf das Jahresgehalt	
0,5 % Rabattsenkung	4 %
Erreichter Prozentsatz	4,0 %
4,0 % des Jahresgehalts	4.800 DM
Summe aller Prozentsätze zum Jahresgehalt	20.960 DM
Summe Jahresgehalt	140.960 DM

Abb. 2-9: *Tabelle zur Ermittlung der variablen Vergütungskomponente mit Abrechnung der Zielerreichung*

Ein Beispiel für eine auf dieser Aufteilung basierenden Zielvereinbarung zwischen dem Außendienstberater und dem Vorgesetzten zeigt Abb. 2-10.

Dieses Instrument zur Führung mit Zielvereinbarung und deren erfolgsorientierter Vergütung hat einen transparenten, gerechten und motivierenden Charakter.

2.5 Schlussbemerkungen

Es gibt nicht „das" System zur Beurteilung für alle Mitarbeiter in einem Unternehmen. Von daher kann der Beitrag nur Anregungen geben, Konzepte und Maßnahmen im eigenen Unternehmen zu entwickeln und umzusetzen. Die vorgestellten unternehmens- und mitarbeitergruppenspezifischen Modelle haben sich seit längerem in der Praxis bewährt. Der Leser verfügt damit über Vergütungswerkzeuge, die er in seinem Unternehmen schnell ausprobieren bzw. umsetzen kann.

	Variable Gehaltskomponente für Außen-dienst-Berater	
A. Umsatzsteigerung der speziellen Produktgruppe		
Umsatzziel kommendes Jahr	4.500.000 DM	exclusiv Preiserhöh.
Umsatz vergangenes Jahr	3.800.000 DM	
Maximale Steigerung	700.000 DM	gleich maximaler Prozentsatz von 6%
Erreichtes Umsatzziel	4.300.000 DM	
Tatsächlich erreichte Differenz	500.000 DM	
Erreichter Prozentsatz	4,28 %	
Jahresfestgehalt	115.000 DM	
4,29 % des Jahresgehalts	4.922 DM	
B. Gewinnung von speziellen Kunden		
Maximale Erreichbarkeit 6 % auf das Jahresgehalt		
Kunde A	2 %	
Kunde B	2 %	
Kunde C	0 %	
Erreichter Prozentsatz	4,0 %	
4,0 % des Jahresgehalts	4.600 DM	
C. Kundenseminare		
Maximale Erreichbarkeit 4 % auf das Jahresgehalt		
Kreativität der Seminargestaltung	1,4 %	- es können max. 2 % erreicht werden
Ständige Optimierung der Seminare	1,8 %	- es können max. 2 % erreicht werden
Erreichter Prozentsatz	3,2 %	
3,2 % des Jahresgehalts	3.680 DM	
D. Verkaufsverhalten		
Maximale Erreichbarkeit 4 % auf das Jahresgehalt		
Berichtswesen	1,6 %	- es können max. 2 % erreicht werden
Wettbewerbsbeobachtung	1,4 %	- es können max. 2 % erreicht werden
Erreichter Prozentsatz	3,0 %	
3,0 % des Jahresgehalts	3.450 DM	
Summe aller Prozentsätze		
zum Jahresgehalt	16.665 DM	
Jahresgehalt	131.665 DM	

Abb. 2-10: Beispiel einer Zielvereinbarung und der Ermittlung der variablen Gehaltskomponente für Außendienstberater

3 Zielorientierte Gruppenprämie und individuelle Leistungszulage mit Leistungsbeurteilung im Bereich Einkauf

von J. Oppmann

3.1 Unternehmen

Branche:	Metall- und Elektroindustrie
Produkte:	Bogen-Offsetdruckmaschinen
Fertigungsart:	Einzel-/Kleinserienfertigung
Beschäftigte:	> 1500
In das Entgeltsystem einbezogene Mitarbeiter:	26 kaufmännische Angestellte im Einkauf

3.2 Anlass/Ausgangssituation

Bei der KBA-Planeta, Hersteller von Bogenoffsetdruckmaschinen war man sich bewusst, dass die im nationalen und internationalen Vergleich zwingend benötigte Verbesserung der Produktivität neben vielen anderen Maßnahmen nur durch eine hohe Motivation und Nutzung des kreativen Potentials der Mitarbeiter, z. B. durch Gruppenarbeit, zu erreichen ist. Im Jahre 1995 wurde mit der Einführung von Gruppenarbeit in der Produktion begonnen. Bereits im Jahre 1997 wurden die Angestellten im Bereich „Einkauf" in die Gruppenarbeit eingebunden. Ziel des Unternehmens ist es, Gruppenarbeit bis zum Jahresende 2000 – dort, wo möglich und sinnvoll – flächendeckend einzuführen.

Ein wesentlicher Kernpunkt der Gruppenarbeit bei der KBA-Planeta ist natürlich auch die stimulierende Wirkung eines Leistungsentgelts. Das trifft besonders für den Bereich der Angestellten zu. Hier waren Entlohnungsformen wie Prämienlohn, Akkordlohn etc. weitgehend unbekannt und andere Formen nicht im Einsatz. Im Tarifbereich wurde das klassische Monatsgehalt, bestehend aus Tarifgehalt, tariflicher Leistungszulage und ggf. eine übertarifliche Zulage, gewährt.

Den strukturellen Veränderungen im Angestelltenbereich Rechnung tragend, wurde eine zielorientierte Gruppenprämie entwickelt und eingeführt.

3.3 Ziele des neuen Entgeltsystems

Im Bereich Einkauf stand, wie in allen Gruppen, die Frage an: Was soll mit Gruppenarbeit und einem neuen Entgeltsystem erreicht und welche ökonomischen Ziele (Einsparungen, Verbesserungen) sollen damit verwirklicht werden. Vor dem Start in die Gruppenarbeit forderte das Unternehmen einen betriebswirtschaftlich nachvollziehbaren Effekt von 20 Prozent. Erst nach Abzug dieser 20 Prozent können die Gruppen durch weitere konsequente Zeitnutzung, durch Optimierung von Abläufen, durch Nutzen des Gruppenpotentials und des KVP eine zusätzliche zielorientierte Gruppenprämie verdienen. Erreichbar ist dies durch konsequente Abarbeitung aller erkannten Störgrößen und Schwachstellen, durch besseres Zeitmanagement aller Gruppenmitglieder (Bewegung auf der Aufgabenschiene, nicht auf der Zeitschiene) und durch bessere Kommunikation mit allen Beteiligten.

Die nachstehenden, in der Gruppe „Einkauf" zu erreichenden Ziele, liegen auch der „Zielorientierten Gruppenprämie" zugrunde.

1. Termineinhaltung

Nur wenn alle Materialien, Zubehörteile, Beistellungen etc. zum Termin in der entsprechenden Qualität und Quantität dem Unternehmen zur Verfügung gestellt werden, und es so zu keinen Stillständen oder Störungen durch Fehlteile kommt, kann optimal und kostengünstig gefertigt und montiert werden. Dies ist die Grundlage für ein konsequentes Kunden-Lieferantenprinzip im ganzen Unternehmen, wobei der Nächste in der Kette (nächste Gruppe) der Kunde ist!
Ziel: Alle Teile zum benötigten Termin.

2. Materialkosteneinsparung durch konsequente Preisarbeit

Die Materialkosten sind neben den Personalkosten der wesentlichste Kostenfaktor. Jede hier eingesparte Mark reduziert die Herstellkosten und verbessert die Wettbewerbsfähigkeit. Dazu sind die Möglichkeiten des globalen Marktes von zunehmender Bedeutung. Auch diese Chancen sollen neben den vielen anderen Möglichkeiten mit der Gruppenarbeit und der Gruppenprämie stimuliert werden.
Ziel: Optimale Preise und Qualität mit verlässlichen Partnern.

3. Personaleinsatz (Leistungskennziffer)

Hiermit soll die optimale Nutzung der „teuren" Arbeitszeit erreicht werden. Vor Einführung der Gruppenarbeit ist hierzu das Verhältnis Anwesenheitszeit zu den im gleichen Zeitraum abgearbeiteten Bestellvorgängen ermittelt worden. Von diesem Wert wurden die bereits erwähnten 20 Prozent abgezogen (geforderter Effekt durch Gruppenarbeit) und das Ergebnis als Ausgangswert (100 Prozent) vereinbart. Unterschreitet die Gruppe diesen Wert im Sinne Vorgabezeit zu Anwesenheitszeit, führt auch dieses positive Ergebnis zur Gewährung einer zielorientierten Gruppenprämie.

Ziel: Optimale Nutzung der Anwesenheitszeit.

3.4 Beschreibung des neuen Entgeltsystems

Zusätzlich zum Tarifgehalt und einer Leistungszulage in Abhängigkeit vom Erreichen individueller Ziele erhält jedes Gruppenmitglied des Bereichs „Einkauf" entsprechend der monatlichen Kennzahl-Erfüllung eine zielorientierte Gruppenprämie (Abb. 3-1).

3.4.1 Grundentgelt

Die Mitarbeiter der Gruppe „Einkauf" werden aufgrund der ihnen übertragenen Arbeitsaufgabe entsprechend den Grundsätzen für die Eingruppierung in die Gehaltsgruppe des entsprechenden Tarifvertrages eingestuft. Die Höhe des Grundentgelts richtet sich nach der entsprechenden Gehaltsgruppe. Die Grundgehaltsstruktur (Eingruppierung) war von der Neuregelung des Entgelts nicht betroffen.

3.4.2 Individuelle Leistungszulage

Die tarifliche Leistungsbeurteilung spiegelte in der Regel „leider" nicht die Leistung des betreffenden Mitarbeiters wider. Im Laufe der Zeit wurde sie zu einem „festen Gehaltsbestandteil". Die Leistungsbeurteilung war eine „Einbahnstraße" geworden. Der Mitarbeiter fing bei seinem Eintritt in das Unternehmen mit einer geringen Punktzahl an und bekam in regelmäßigen Abständen zur „Beruhigung" ein paar Pünktchen mehr. Daher war eine Änderung im Entgeltkonzept notwendig. Anstelle der tariflichen Leistungsbeurteilung wurde die betriebliche individuelle Leistungsbeurteilung gesetzt.

Die individuelle Leistungsbeurteilung wird nach dem Start in die Gruppenarbeit alle sechs Monate durch die Vertreter der Gruppe (Gruppensprecher und je nach Gruppengröße vier bis fünf Gruppenmitglieder) vorgenommen. Dazu wurde eine neue Methode (mit Metaplan-Technik) entwickelt, mit deren Hilfe sub-

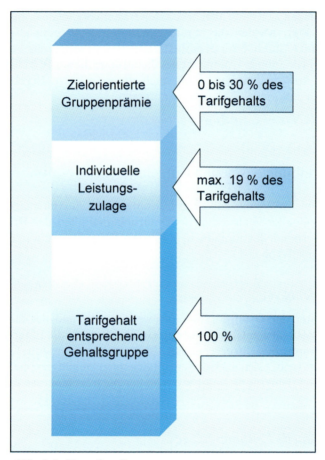

Abb. 3-1: Entgeltaufbau

jektive Fehler weitgehend vermieden werden können. Der Vorgesetzte greift nur im Bedarfsfall ein, und die Personalabteilung moderiert die Beurteilungsrunde und sichert die Methode. In der Praxis wurde festgestellt, dass die Beurteilungen durch die Gruppenmitglieder sehr realistisch und verantwortungsbewusst erstellt werden. Sie sind ein „echtes" Spiegelbild des Beurteilungszeitraumes und zwingen zudem die Beurteiler und die zu Beurteilenden zur gewollten regelmäßigen Kommunikation (spätestens bei der Übergabe des Beurteilungsbogens und dessen Erläuterung). Diese „Personalgespräche" werden durch den Vorgesetzten und den von der Gruppe gewählten Gruppensprecher geführt.

Außerdem wechseln die Gruppenmitglieder in der Beurteilungsrunde ständig, sodass alle Mitglieder in festen Abständen an diesem Prozess teilnehmen, und es so zu keiner „Übervorteilung" der anwesenden Beurteiler kommen kann.

Bei der individuellen Leistungsbeurteilung sind pro Mitarbeiter maximal 100 Punkte möglich (vgl. Abb. 3-2). Gerade bei den ersten Beurteilungsrunden ergaben sich zwischen den einzelnen beurteilten Gruppenmitgliedern nicht selten Unterschiede bis zu 70 Punkten. Im Durchschnitt müssen die durch die Gruppe vorgenommenen Beurteilungen ca. 50 Punkte erreichen. Liegt der Durchschnitt der Gruppe weit über 50 Punkte, ist dies ein sicheres Zeichen, dass die (Richt-) Latte in den einzelnen Beurteilungsmerkmalen zu niedrig lag. Liegt der Durchschnitt weit unter 50 Punkten, ist dies ein Zeichen, dass die Latte zu hoch lag und nur wenige aus der Gruppe diesen Anforderungen genügen konnten. Mit dieser neuen Methode wird den Gruppenmitgliedern transparent gemacht, wie diese „Richtlatte" in den einzelnen Beurteilungsmerkmalen sich permanent an den steigenden Anforderungen (des Marktes, der Wettbewerber usw.) orientieren muss, und zwar im Sinne von KVP möglichst jedes Mal ein Stück höher!

Das Leistungsbeurteilungssystem beinhaltet – im Gegensatz zum tariflichen Verfahren mit fünf Beurteilungsstufen – nur noch drei Stufen (ausreichende, gute und sehr gute Leistung). Jede dieser Stufen lässt weitere drei unterschiedliche Einordnungen zu (vgl. Abb. 3-2). Damit soll das in der Praxis häufig genannte Defizit mit fünf Beurteilungsstufen ausgeglichen werden. Bei fünf Stufen wird bemängelt, dass es in den Beurteilungsstufen A („die Leistung ist für eine Leistungszulage nicht ausreichend") und E („die Leistung übertrifft die Anforderungen in hohem Maße") in der Regel kaum Einstufungen gibt. Das neue dreistufige Leistungsbeurteilungssystem hat sich im Unternehmen bewährt und ermöglicht eine gerechtere Beurteilung der Mitarbeiter. Erreichbar sind maximal 19 Prozent Leistungszulage, bezogen auf das tarifliche Grundgehalt.

3.4.3 Zielorientierte Gruppenprämie

Basis für die Zielvereinbarung und die zielorientierte Gruppenprämie ist die im Abrechnungszeitraum erreichte Einhaltung der Liefertermine, der Qualität und die Erfüllung der geplanten Einsparungen durch Preisverhandlungen bei optimalem Personaleinsatz. Diese Zielanforderungen sind in folgenden Kennziffern (KZ) hinterlegt:

Zielorientierte Gruppenprämie und individuelle Leistungszulage

Name:		
Personal-Nr.:	Gruppe	gez. Leiter/Gruppensprecher
Punktsumme:		
Leistungszulage in:		Datum/Unterschrift des
wirksam ab:		Beurteilenden:

Beurteilungs-merkmale	zu beurteilen	Beurteilungsstufen							
		ausreichende Leistung f. Leistungszulage			gute Leistung f. Leistungszulage			sehr gute Leistung f. Leistungszulage		
		A	B	C	D	E	F	G	H	I
Teamverhalten	• Verhalten in der Gruppe (gegenseitige Hilfestellung und Beratung) • Weitergabe von Know-how und Informationen; Beteiligung an Gruppengesprächen • Zuverlässigkeit • gemeinsame Erledigung von Arbeitsaufgaben	3	6	9	12	15	18	21	24	27
Flexibilität	• Zeitnutzung (gleitende Arbeitszeit) • Qualifizierungsbereitschaft • Einsatz an mehreren Arbeitsplätzen • Selbstständigkeit • Intensität der Arbeit	3	6	9	12	15	18	21	24	27
Qualität	• Fehlerquote, Maßhaltigkeit, Vollständigkeit • Sauberkeit am Arbeitsplatz • Einhalten der Vorschriften • Arbeitssicherheit, Arbeitsweise	2	4	6	8	10	12	14	16	18
Kostenbewusstsein/Termineinhaltung	• Kostenbewusstes Verhalten, Preisarbeit • Vermeidung von Schäden • Umgang mit Lieferanten/Kunden • Termineinhaltung der personenbezogenen Arbeitsaufgaben	2	4	6	8	10	12	14	16	18
KVP	• Mitwirkung beim Kontinuierlichen Verbesserungsprozess	2	3	4	5	6	7	8	9	10

Abb. 3-2: Beurteilungsbogen für Angestellte

Zielorientierte Gruppenprämie und individuelle Leistungszulage

```
  Erfüllung KZ Termineinhaltung          = max. 20 %-Pkt.
+ Erfüllung KZ Einsparung durch
  Preisverhandlungen                      = max.  5 %-Pkt.
+ Erfüllung KZ Personaleinsatz/Qualität  = max.  5 %-Pkt.
                            Erfüllung    = max. 30 %-Pkt.
```

Im Falle des Einkaufs wurde die Termineinhaltung – 20 Prozent zielorientierte Gruppenprämie – sehr hoch angesetzt, da die Fehlteile in Fertigung und Montage die Firma in der Vergangenheit sehr stark belasteten und eine kontinuierliche und effiziente Arbeit sehr erschwerte.

Die zielorientierte Gruppenprämie ist auf max. 30 Prozent begrenzt und wird gleichmäßig auf die Gruppenmitglieder verteilt. Bei dreimaliger Überschreitung der Höchstgrenze kann die Gruppe dem Unternehmen – unter Angabe der Produktivitätssteigerungsgründe – Prozentpunkte zum Rückkauf anbieten (Gainsharing-Modell). Für die jeweiligen Kennzahlen wird dann ein neuer Standard festgeschrieben.

Die zielorientierte Gruppenprämie errechnet sich aus der Summe der drei Kennziffern (max. 30 %-Pkt.) multipliziert mit dem zurzeit geltenden Punktwert in DM (= Durchschnittsgehalt aller Gruppenmitglieder). Bei Tariferhöhungen und Veränderungen in der Gruppe wird dieser Punktwert automatisch angepasst.

Punktwertbestimmung

Durchschnittliches Gehalt der Gruppe „Einkauf" = 4.693,00 DM bei 38 Std./Woche (neue Bundesländer).

$$1\ \%\text{-Punkt} = \frac{4.693{,}00\ \text{DM}}{165{,}30\ \text{Std.}} = 28{,}39\ \text{DM}$$

■ *Kennziffer „Termineinhaltung"*

Die Kennziffer „Termineinhaltung" ist die ausschlaggebende Kennzahl für die Entscheidung über die Zielerreichung. Sie wird in einer Bewertungstabelle (vgl. Abb. 3-3) für eine Zielvereinbarungsperiode von 6 Monaten festgelegt. Die Zielvereinbarung gilt für die erste Periode als erfüllt, wenn ein Terminverzug von bis zu 5 Tagen an maximal 3 Prozent aller gelieferten Positionen nicht überschritten wird.

%-Terminverzug	%-Punkte
0,00	20,00
0,25	19,00
0,50	18,00
0,75	17,00
1,00	16,00
1,25	14,00
1,50	12,00
1,75	10,00
2,00	8,00
2,25	6,00
2,50	4,00
2,75	2,00
3,00	0,00

Abb. 3-3: Bewertungstabelle „Termineinhaltung"

Beispiel:

Summe gelieferte Positionen/Monat	=	3.562 Stück
Summe Positionen mit Terminverzug über 5 Arbeitstage	=	40 Stück
Terminverzug (100 : 3.562 x 40 = 1,12%) Ziel erfüllt < 3% ja; > 3% nein	=	1,12 %
%-Punkte für Kennziffer	=	15,04 % lt. Tabelle
Berechnung Prämie für KZ-Termineinhaltung:		
15,04 %-Punkte x 28,39 DM pro %-Punkt	=	<u>426,99 DM Prämie</u>

■ *Kennziffer „Einsparungen durch Preisverhandlungen"*

Eine wesentliche Aufgabe des Einkaufs besteht darin, möglichst günstige Einkaufspreise von Materialien zu erzielen. Die Gruppe „Einkauf" wird prozentual an den durch Preisverhandlungen erzielten Einsparungen beteiligt. Um zu verhindern, dass evtl. minderwertige Produkte eingekauft werden, nur um eine möglichst hohe Prämie zu erreichen, wurden strenge Produkt- und Qualitätskriterien vorgegeben, die strikt einzuhalten sind.

Für die Kennziffer „Einsparungen durch Preisverhandlungen" wird *eine Zielvereinbarungsperiode von einem Jahr* vereinbart. Die jährliche Zielstellung wird gleichmäßig auf 12 Monate verteilt. Je nach Einsparungsvolumen können bis max. 5 %-Punkte für die Prämie erreicht werden.

Ausgangswert und damit Basis für die Bewertungstabelle (Abb. 3-4) zur Bestimmung der Prämienhöhe ist die Differenz aus Einkaufsvolumen des Abrechnungsjahres mit Preisniveau des Vorjahres und Einkaufsvolumen des Abrechnungsjahres mit Preisniveau des Abrechnungsjahres.

Bestimmung des Ausgangswertes:

Einkaufsvolumen 1999 mit Preisniveau 1998
minus
Einkaufsvolumen 1999 mit Preisniveau 1999
= **8 Mio DM**

Beispiel:		
Erreichte Einsparung	=	543.243,00 DM/Mo
%-Punkte für Kennziffer	=	4,07 % lt. Tabelle
Berechnung Prämie für KZ „Einsparungen durch Preisverhandlungen"		
4,07 %-Punkte x 28,39 DM pro %-Punkt	=	<u>115,55 DM Prämie</u>

■ *Kennziffer „Personaleinsatz/Qualität"*

Dritter Bestandteil der „Zielorientierten Gruppenprämie" ist die Kennziffer „Personaleinsatz/Qualität". Sie basiert auf einer Zielvereinbarungsperiode von 12 Monaten. Als Prämienanteil können max. 5 %-Punkte erreicht werden.

Das Unternehmen möchte, dass die Gruppen ihre Ziele ohne teure Überstunden erreichen und stattdessen die Möglichkeiten der Gleitzeit voll nutzen. Die Formel zur Bestimmung der zielorientierten Gruppenprämie wurde daher so

8,0 Mio. DM	: 12 Mo. =	666.000 DM/Mo.	= 5,00 %
7,5 Mio. DM	: 12 Mo. =	625.000 DM/Mo.	= 4,69 %
7,0 Mio. DM	: 12 Mo. =	583.000 DM/Mo.	= 4,37 %
6,5 Mio. DM	: 12 Mo. =	541.000 DM/Mo.	= 4,06 %
6,0 Mio. DM	: 12 Mo. =	500.000 DM/Mo.	= 3,75 %
5,5 Mio. DM	: 12 Mo. =	458.000 DM/Mo.	= 3,44 %
5,0 Mio. DM	: 12 Mo. =	416.000 DM/Mo.	= 3,12 %
4,5 Mio. DM	: 12 Mo. =	375.000 DM/Mo.	= 2,81 %
4,0 Mio. DM	: 12 Mo. =	333.000 DM/Mo.	= 2,50 %
3,5 Mio. DM	: 12 Mo. =	291.000 DM/Mo.	= 2,18 %
3,0 Mio. DM	: 12 Mo. =	250.000 DM/Mo.	= 1,88 %
2,5 Mio. DM	: 12 Mo. =	208.000 DM/Mo.	= 1,56 %
2,0 Mio. DM	: 12 Mo. =	166.000 DM/Mo.	= 1,24 %
1,5 Mio. DM	: 12 Mo. =	125.000 DM/Mo.	= 0,94 %
1,0 Mio. DM	: 12 Mo. =	83.000 DM/Mo.	= 0,62 %

(Beispielzahlen)

Abb. 3-4: Bewertungstabelle „Einsparungen durch Preisverhandlungen"

modifiziert, dass *bezahlte Überstunden* (nicht die Mehrarbeit im Sinne der Gleitzeit) das Ergebnis der Gruppenprämie reduzieren. Neben den bezahlten Überstunden werden auch die durch die Gruppe „Einkauf" in den Folgegruppen verursachten „außergewöhnlichen Störgrößen" in der Prämie negativ wirksam.

Nach dem „Verursacherprinzip" werden im gesamten Unternehmen der verursachenden Gruppe die zeitlichen Aufwände in den Folgegruppen angelastet. Beim Einkauf sind dies die zeitlichen Aufwände für alle fehlerhaften Wareneingänge in den Gruppen der Fertigung und Montage (lt. Abweichungsberichten). Die Gruppe „Einkauf" muss deshalb bemüht sein, neben akzeptablen Preisen auch die gewünschte und benötigte Qualität bei und mit den Lieferanten zu sichern.

Zielorientierte Gruppenprämie und individuelle Leistungszulage

Ausgangswerte:

- Anzahl Bestellpositionen (Jahreszeitraum 06/..-05/..) = 62.105 Stück
- Σ Anwesenheitszeiten (Jahreszeitraum 06/..-05/..) = 41.731,31 Std.

Richtwert pro Bestellposition:

$$\frac{\Sigma \text{ Anwesenheitszeit}}{\text{Anzahl Bestellpositionen}} = \frac{41.731,31 \text{ Std.}}{62.105 \text{ Stück}} = 0{,}672 \text{ Std./Bestellposition}$$

Richtwert pro Bestellposition	0,672 Std.
./. 10 % Verbesserung durch optimierte Abläufe	0,067 Std.
./. % Einschätzung Zeitgrad (10 %)	0,067 Std.
= Richtwert für die Formel	0,538 ≈ 0,54 Std.

Formel für KZ „Personaleinsatz/Qualität":

$$\frac{\text{Anzahl Bestellpositionen} \times \text{Richtwert} \times \text{Faktor}}{\Sigma \text{ Anwesenheitszeit} + \dfrac{\text{Überstd.}}{4} + \Sigma \text{ NA} - \text{außergew. Störgrößen}} = \text{\%-Punkte}$$

Erläuterungen der Formel:

Anzahl Bestellpositionen	= Σ abgearbeitete Bestellpositionen im Abrechnungsmonat
Richtwert pro Bestellposition	= 0,54 Std./Bestellposition
Faktor	= 1,0131 (beinhaltet 1,31 % Gruppengespräche bei 38 Std./Woche)
Σ Anwesenheitszeit	= Summe der in der Zeiterfassung nachgewiesenen Anwesenheitszeiten aller Gruppenmitglieder (incl. Abstellungen aus anderen Bereichen)
Überstunden : 4	= Die 25 % entsprechen symbolisch den Mehrkosten durch Überstundenzuschläge. Damit sollen die Gruppenmitglieder motiviert werden, möglichst alle Kapazitätsschwankungen mit den Möglichkeiten der Gleitzeit auszugleichen.

Σ Nacharbeit (NA) zu = angefallene Nacharbeitszeit in Fertigung
Lasten Einkauf (Std.) und Montage (lt. Abweichungsbericht)

Außergewöhnliche = Angefallene Zeiten für Arbeiten, die nicht
Störgrößen in der Richtwertbildung enthalten sind. Die angefallenen Zeiten werden monatlich durch die Gruppenmitglieder separat erfasst, durch den Abteilungsleiter bestätigt und in den monatlichen Ergebnisprojektsitzungen explizit ausgewertet.

Berechnung Prämie für KZ „Personaleinsatz/Qualität"

Beispiel:

Anzahl Bestellpositionen	=	6.032 Stück
Σ Anwesenheitszeiten	=	3.533 Stunden
Richtwert	=	0,54 Std./Bestellposition
Faktor für Gruppengespräche	=	1,0131
Σ Nacharbeit (NA) zu Lasten Einkauf	=	365 Std.
Außergewöhnliche Störgrößen	=	0 Std.

$$\frac{\text{Anzahl Bestellpositionen} \times \text{Richtwert} \times \text{Faktor}}{\Sigma \text{ Anwesenheitszeit} + \frac{\text{Überstd.}}{4} + \Sigma \text{ NA} - \text{außergew. Störgrößen}} = \text{\%-Punkte}$$

$$= \frac{6.032 \times 0{,}54 \times 1{,}0131}{3.533 + \frac{Ü}{4} + 365 - 0 \text{ Std.}} = \frac{3.299{,}95}{3.898} = 0{,}85 \text{ Pkt}$$

0,85 Pkt. x 28,39 DM/Pkt. = 24,13 DM Prämie

Gesamt-Zielorientierte Gruppenprämie

Maximal mögliche Prämie:

28,39 DM pro Punkt x 30 Punkte = 851,70 DM

Beispiel:

Termineinhaltung	15,04 Pkt.	=	426,99 DM
Einsparung durch Personalverhandlungen	4,07 Pkt.	=	115,55 DM
Personaleinsatz/Qualität	0,85 Pkt.	=	24,13 DM
	Gesamt-Prämie		566,67 DM

3.5 Ergebnisse der Gruppenarbeit und des neuen Entgeltsystems im Einkauf

Nach 30 Monaten Gruppenarbeit und einem neuen Entgeltsystem im Einkauf fallen bei der Betrachtung der erreichten Ergebnisse gravierende Verbesserungen in allen drei Kennziffern auf.

Bei der *Termineinhaltung* konnten alle Teile mit Verzug größer 10 Arbeitstage eliminiert werden. Diese sind auch K.O.-Kriterium und haben seit Einführung der Gruppenarbeit im Einkauf in den letzten 24 Monaten nur viermal zu keiner monatlichen zielorientierten Gruppenprämie geführt. Da jedoch ein Dreimonatsschnitt (aktueller Monat plus zwei Vormonate) bezahlt wird, führt dies in der Regel trotzdem zu einer (wenn auch geminderten) Bezahlung. Dabei kommt der Einführung der Gruppenarbeit und des neuen Entgeltsystems im Angestelltenbereich zugute, dass es zu keiner Kürzung der Bezüge kommen kann. Das bisherige Gehalt ist in jedem Falle auch nach Einführung der Gruppenarbeit im Durchschnitt der Gruppe gesichert, und die Gruppenmitglieder können durch optimale Zielerreichung eigentlich künftig nur mehr verdienen.

Neben der extremen Verbesserung der Terminsituation aller eingekauften Waren konnten die vorgegebenen *Materialkosteneinsparungen* weitgehend realisiert werden. Dies ist umso bemerkenswerter, da der zu erreichende Wert ein saldiertes Ergebnis darstellt und somit gegen alle „natürlichen" Preissteigerungen (Lieferanten, konstruktive Änderungen ...) gerechnet wird.

Die Gruppenarbeit und das Entgeltsystem im Einkauf haben sich auch sehr deutlich *im Verhältnis Bestellvorgänge je Anwesenheitszeit* bemerkbar gemacht. Hier spiegeln sich natürlich auch alle Veränderungen und Verbesserungen in der Arbeitsorganisation und in der EDV-Technik wider.

Ausgangsdaten 1996/1997 (∅ pro Monat)			
◆ Bestellpositionen	5.175 Stück	=	100 %
◆ Anwesenheitszeit	3.477 Std.	=	100 %
	Anzahl Bestellpositionen		Anwesenheitszeit
1997	5.989 (116 %)		3.347,56 (96 %)
1998	5.723 (111 %)		3.417,19 (98 %)
1999	8.089 (156 %)		3.369,14 (97 %)

Zusammenfassend wird am Beispiel Einkauf deutlich, dass Gruppenarbeit und ein neues Entgeltsystem auch im Angestelltenbereich erfolgreich eingeführt und praktiziert werden können. Wichtig ist jedoch, dass die Zielvorgaben ständig aktualisiert und an die Unternehmensziele angepasst werden. Sonst besteht sehr schnell die Gefahr, dass diese zielorientierte Gruppenprämie ihre positive Wirkung verliert und zu einem „wirkungslosen Gehaltsbestandteil" verkümmert. Dass dies nicht passiert, ist eindeutig die Aufgabe des Managements. Es ist deshalb sinnvoll, die (Bereichs-)Ziele des Managements mit den Zielen der Gruppenarbeit zu synchronisieren und Gehaltsbestandteile des Managements daran zu koppeln.

4 Zielorientierter Teambonus im Bereich Forschung und Entwicklung

von H. Brüning

4.1 Unternehmen

Branche: Gießerei-Industrie
Produkte: Turbinenschaufeln
Fertigungsart: Kleinserienfertigung
Beschäftigte: ca. 120
In die Entgeltlösung einbezogene Mitarbeiter: 11 Mitarbeiter des Bereiches Forschung und Entwicklung

4.2 Anlass/Ausgangssituation

In den letzten Jahren traten wie in vielen Branchen auch im Marktsegment der Hersteller von Turbinenschaufeln gravierende Veränderungen ein. Kennzeichnend dafür sind Kundenforderungen nach immer kürzeren Lieferfristen und erheblichen Preisnachlässen bei gleichzeitig anspruchsvolleren Produkt- und Qualitätsparametern. Wie in der Mehrzahl der Unternehmen entscheiden die Ergebnisse in der Entwicklung und Konstruktion zu 70 Prozent über die Produktivitätsentwicklung und damit die Wettbewerbsfähigkeit. Im vorliegenden Fall ging es insbesondere um die Realisierung der von den Kunden erhobenen Forderungen hinsichtlich der technischen und wirtschaftlichen Parameter der zu entwickelnden bzw. zu konstruierenden Turbinenschaufeln, die Sicherung der gesetzten Termine und die fertigungsgerechte Konstruktion. Als kritische Faktoren erwiesen sich der Zeitaufwand und die Kosten in der Entwicklung und Konstruktion. Darüber hinaus war der Innovationsgrad der Erzeugnisse im Vergleich zu den Wettbewerbern verbesserungswürdig. Die Gewährleistung all dessen stellt hohe Anforderungen an die Gestaltung der Abläufe in diesem Bereich. Neben organisatorischen Veränderungen galt es, das unternehmerische Denken und Handeln der Mitarbeiter zu entwickeln. Als wichtige Voraussetzung zur Sicherung der gestellten Termine wurde Vertrauensarbeitszeit eingeführt, das heißt, eine Erfassung der geleisteten Arbeitszeit erfolgt nicht mehr. Entscheidend ist jetzt die Erfüllung der Aufgaben und nicht die Anwesenheitszeit. Entsprechend den veränderten technischen und organisatorischen Bedingungen in der Forschung und Entwicklung, die durch die Einführung effektiver CAD-Systeme, einen verbesserten Zugriff auf wissensbasierte Datenbanken sowie Team- und Projektarbeit charakterisiert sind, sollte das Entgelt neu gestaltet werden.

4.3 Ziel der neuen Entgeltlösung

Nach der technischen und organisatorischen Neuausrichtung im Bereich Forschung und Entwicklung stellte die Geschäftsführung die Aufgabe, durch Entgeltgestaltung den dort tätigen Mitarbeitern einen dauerhaften Anreiz für eine sich an den Kundenwünschen und den Erfordernissen der Wettbewerbsfähigkeit orientierende Arbeitsweise zu geben. Im Einzelnen sollte das Entgeltsystem dazu beitragen, dass:

- die Aufträge kundengerecht bzgl. Zeitaufwand und Kosten realisiert werden,
- die tatsächlichen Kosten gegenüber dem geplanten Kostenbudget des Bereiches gesenkt werden und
- die Innovation der Produkte gefördert wird.

Zudem musste das Entgeltsystem flexibel sein und auf sich ändernde Ziele durch neue Anforderungen des Marktes reagieren können. Entscheidend für die Höhe des Entgelts sollten nicht nur die Anforderungen der Arbeitsaufgabe und die Leistung des Einzelnen sein, sondern auch der Erfolg des gesamten Bereiches. Die Mitarbeiter im Bereich Forschung und Entwicklung erhielten bisher ein Gehalt mit Leistungszulage. Für die tariflichen Angestellten wurde die Höhe der Zulage anhand des tariflichen Leistungsbeurteilungsverfahrens ermittelt; bezüglich der außertariflichen Angestellten bestand ein kombiniertes Beurteilungsverfahren, das zur Festlegung einer Leistungszulage und als Grundlage für die Grundgehaltsentwicklung verwendet wurde.

4.4 Entgeltsystem

4.4.1 Entgeltaufbau

Von Seiten des Unternehmens wurden verschiedene Möglichkeiten der Anpassung des Entgeltsystems an die veränderten Bedingungen und Erfordernisse erwogen. Letztendlich entschied sich die Geschäftsführung dafür, im Bereich

Zielorientierter Teambonus im Bereich Forschung und Entwicklung 75

Forschung und Entwicklung zusätzlich zum bereits gezahlten Entgelt (Grundgehalt und tarifliche Leistungszulage) einen zielorientierten Teambonus einzuführen. Somit ergibt sich der in Abb. 4-1 dargestellte Entgeltaufbau.

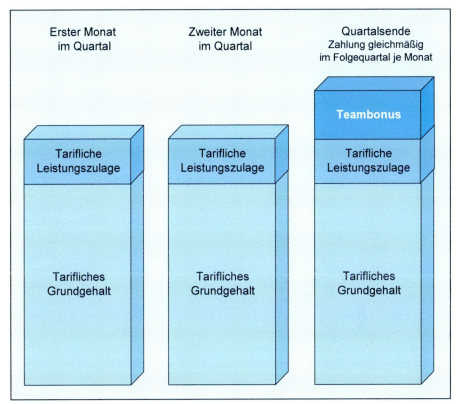

Abb. 4-1: Entgeltaufbau

Für den Teambonus stellt das Unternehmen 12.000 DM je Quartal zur Verfügung. Der an die Mitarbeiter ausgezahlte Bonus hängt vom Grad der Erreichung vereinbarter Ziele im jeweiligen Quartal ab und wird anhand eines Bewertungssystems mittels Bewertungsstufen und -punkten bestimmt.

Mit der Leistungszulage soll nach wie vor das individuelle Leistungsergebnis und -verhalten der einzelnen Mitarbeiter honoriert werden. Die Bewertung erfolgt anhand des tariflichen Verfahrens der Leistungsbeurteilung. Veränderungen im System der Einstufung der Arbeitsaufgaben und der Eingruppierung der Mitarbeiter waren nicht erforderlich. Während Grundgehalt und Leistungszulage entsprechend den tariflichen Regelungen monatlich gezahlt werden, erfolgt die Auszahlung des Bonus – soweit die festgelegten Ziele erreicht sind – einmal im Quartal bzw. zu gleichen Teilen in den Monaten des Folgequartals.

4.4.2 Vereinbarung der Ziele und Ermittlung der Zielerreichung

Als Zielkategorien kommen die in Abb. 4-2 enthaltenen Bewertungsmerkmale zur Anwendung.

■ *Vereinbarung der Ziele*

Die Ziele zu den einzelnen Bewertungsmerkmalen werden zwischen unterschiedlichen Partnern vereinbart und gelten dementsprechend für einzelne Teams oder für alle Mitarbeiter im Bereich. Ebenso sind die Vereinbarungsperioden dem Charakter des einzelnen Zieles entsprechend verschieden lang.

Als Ziele zum Bewertungsmerkmal 1 werden die für die Entwicklung und/oder Konstruktion geplanten Stunden für jedes einzelne Projekt zwischen dem Leiter Forschung und Entwicklung und dem mit der Bearbeitung beauftragten Team vereinbart. Da dieser geplante Stundenaufwand die Grundlage für die Projektkalkulation bildet, wird er wesentlich von den Termin- und Kostenvorgaben seitens des jeweiligen Kunden beeinflusst. Darüber hinaus fließen Erfahrungswerte des Unternehmens aus vergleichbaren Projekten der Vergangenheit in die Planung des Stundenaufwandes und damit die Zielvereinbarung ein. Die schriftliche Formulierung des Ziels erfolgt im Formblatt Projektvereinbarung (vgl. Abb. 4-3), die Teil der Projektunterlagen ist. Beim Erreichen des so definierten Aufwandes ist das Ziel zum Bewertungsmerkmal 1 für das einzelne Projekt mit 100 Prozent erfüllt.

Zielorientierter Teambonus im Bereich Forschung und Entwicklung

Zielorientierter Teambonus		Zeitraum vom:			bis:	
Gruppe:	Forschung und Entwicklung					
Bewertungs-merkmal	**Merkmal 1 – Definition** geplante Stunden lt. Projektkalkulation im Verhältnis zur tatsächlich abgerechneten Projektzeit				**Bewertungskriterien** Summe der Sollstunden aus dem Projektmix im Quartal zur Summe der tatsächlich benötigten Stunden im Projektmix	
Stufe	bis 80%	bis 90%	bis 100%	bis 105%	über 105%	
Punkte	0	3	6	9	12	
Bewertungs-merkmal	**Merkmal 2 – Definition** Kostensenkung lt. Budgetplanung im Bereich F/E: KZ = Istkosten/Sollkosten [%]				**Bewertungskriterien**	
Stufe	nicht ausreichend	genügend	gut	sehr gut	aus-gezeichnet	
Punkte	0	1	2	3	4	
Bewertungs-merkmal	**Merkmal 3 – Definition** Innovationsgrad: <u>Umsatz neue Produkte per Jahr</u> Gesamtumsatz				**Bewertungskriterien** letztes Halbjahr	
Stufe	nicht ausreichend	genügend	gut	sehr gut	aus-gezeichnet	
Punkte	0	1	2	3	4	
Gesamt-punkte			Summe			Bemerkungen:
Betriebsleitung:					Leiter F/E:	

Abb. 4-2: Bewertungsbogen Zielerreichung

Bearbeiter	Telefon	Verteiler
		Projektleiter
		Projektteam
		Leiter F/E

PROJEKTVEREINBARUNG: Kundenauftrag

Projektbezeichnung: _____

Projektnummer: _____

Projektleiter: _____

Projektteam: _____ _____

_____ _____

_____ _____

Projektziele:
Technische Parameter:

Projektstunden: _____

Projektkosten: _____

Termine: Projektstart: _____
             Projektabschluss: _____
             Fertigungsbeginn: _____
             Kundenauslieferung: _____

Bemerkungen: _____
_____
_____

Projektleiter   Leiter F/E

_____   _____
Datum, Unterschrift   Datum, Unterschrift

Abb. 4-3: Formblatt Projektvereinbarung

Das Ziel „geplantes Kostenbudget" erfasst den gesamten Bereich Forschung und Entwicklung. Ausgehend von der seitens der Geschäftsführung mit dem Leiter des Bereiches Anfang des Jahres diesbezüglich vereinbarten Zielstellung für das laufende Geschäftsjahr werden die Quartalsziele definiert. Die Vereinbarung dazu erfolgt zwischen dem Leiter Forschung und Entwicklung und allen Mitarbeitern gemeinsam. Zugleich werden die Bewertungskriterien definiert und im Bewertungsbogen eingetragen (vgl. Abb. 4-4, rechte Spalte, Zeile zum Merkmal 2). In der Regel wird ein linearer Verlauf zugrunde gelegt, bei dem Erreichungsgrade von 80 bis 120 Prozent gleichmäßig auf die Bewertungsstufen verteilt werden. Dabei gilt ein Verhältnis von über 120 Prozent bzgl. der Istkosten zu den Sollkosten als nicht ausreichend und von unter 80 Prozent als ausgezeichnet.

Zielorientierter Teambonus		Zeitraum vom:	01.01.2000	bis:	31.03.2000
Gruppe:	Forschung und Entwicklung				
Bewertungs-merkmal	**Merkmal 1 – Definition**: geplante Stunden lt. Projektkalkulation im Verhältnis zur tatsächlich abgerechneten Projektzeit				**Bewertungskriterien** Summe der Sollstunden aus dem Projektmix im Quartal zur Summe der tatsächlich benötigten Stunden im Projektmix *Soll-Stunden: 5742 h* *Ist-Stunden: 5907 h*
Stufe	bis 80%	bis 90%	bis 100%	bis 105%	über 105%
Punkte	0	3	❌6	9	12
Bewertungs-merkmal	**Merkmal 2 – Definition**: Kostensenkung lt. Budgetplanung im Bereich F/E: KZ = Istkosten/Sollkosten [%]				**Bewertungskriterien** *Sollkosten: 415800 DM* *nicht ausreichend: > 120%;* *genügend: 120 bis > 107%; gut: 107 bis > 93%; sehr gut: 93 bis 80%;* *ausgezeichnet: < 80%*
Stufe	nicht ausreichend	genügend	gut	sehr gut	ausgezeichnet
Punkte	0	❌1	2	3	4
Bewertungs-merkmal	**Merkmal 3 – Definition**: Innovationsgrad: Umsatz neue Produkte per Jahr / Gesamtumsatz				**Bewertungskriterien** *letztes Halbjahr: 0,35* *nicht ausreichend: < 0,3;* *genügend: 0,3 bis < 0,35; gut: 0,35 bis < 0,4; sehr gut: 0,4 bis 0,5;* *ausgezeichnet: > 0,5*
Stufe	nicht ausreichend	genügend	gut	sehr gut	ausgezeichnet
Punkte	0	1	❌2	3	4
Gesamt-punkte	*1*	*8*	Summe: *9 Punkte*		Bemerkungen:
Betriebsleitung:				Leiter F/E:	

Abb. 4-4: Ausgefüllter Bewertungsbogen – Zielerreichung

Der Innovationsgrad als Verhältnis des Umsatzes neuer Produkte zum Gesamtumsatz wird ausgehend von der Jahreszielstellung der Geschäftsführung für den Bereich Forschung und Entwicklung als Halbjahresziel festgelegt. Für die Zuordnung der Innovationsgrade zu den Bewertungsstufen gilt in der Regel, dass das im letzten Halbjahr erreichte Niveau den Wert der 100-prozentigen Zielerreichung entspricht. Als „nicht ausreichend" wird zumeist eine Abweichung von diesem Wert um 20 Prozent und mehr nach unten und als „ausgezeichnet" eine Abweichung um über 20 Prozent nach oben festgelegt. Die weiteren Bewertungsstufen ergeben sich aus der Dreiteilung der Zielerreichungsgrade im Bereich von 80 bis 120 Prozent. Im Bewertungsbogen (vgl. Abb. 4-4, rechte Spalte, Zeile zum Merkmal 3) werden die für das jeweilige Quartal vereinbarten Bewertungskriterien schriftlich fixiert.

- *Ermittlung der Zielerreichung*

Die Zielerreichung bezüglich des Bewertungsmerkmals 1 wird am Ende eines jeden Quartals als prozentuales Verhältnis der geplanten Stunden lt. Projektkalkulation zu den tatsächlich benötigten Stunden ermittelt. Da zumeist mehrere Projekte durch die Mitarbeiter bearbeitet werden, wird nicht das einzelne Projekt, sondern die insgesamt im Quartal fälligen Projekte (Projekt-Mix) in die Bewertung einbezogen. In den Bewertungsbogen werden die Soll-Stunden im Projekt-Mix des Quartals und die tatsächlich benötigten Stunden im Feld Bewertungskriterien eingetragen und der für das erreichte prozentuale Verhältnis zutreffende Punktwert ermittelt (vgl. Abb. 4-4).

Die Zielerreichung des Bewertungsmerkmals 2 wird ebenfalls quartalsweise ermittelt. Dabei wird anhand der im gesamten Bereich Forschung und Entwicklung erreichten prozentualen Kostensenkung im Ist gegenüber dem Soll der Budgetplanung und den vorher in der Zielvereinbarung definierten Bewertungsstufen der Punktwert für dieses Merkmal bestimmt.

Bezüglich des Bewertungsmerkmals 3 „Umsatz neue Produkte zu Gesamtumsatz" wird die Zielerreichung je Quartal ausgewertet. In die Ermittlung des Bonus fließt aber jeweils nur das Halbjahresergebnis ein. Anhand des im Unternehmen nach o. g. Kennzahl erreichten Innovationsgrades gegenüber dem Ist des letzten Halbjahres erfolgt die Zuordnung zu den Bewertungsstufen und damit der Punktwerte für dieses Merkmal.

Auf Grund der besonderen Bedeutung, die von den Kunden der Termineinhaltung beigemessen wird, aber auch der im Unternehmen aus Kostengründen zur Verfügung stehenden Personalkapazität in Forschung und Entwicklung, wird die Zielkategorie „Geplante Stunden lt. Projektkalkulation im Verhältnis zur tatsächlich abgerechneten Projektzeit" mit dem Faktor drei gewichtet. Die beiden anderen Bewertungsmerkmale „Istkosten/Sollkosten" und „Innovationsgrad" erhalten den Wichtefaktor eins. Auf diese Weise soll erreicht werden, dass die Mitarbeiter ihre Aufmerksamkeit insbesondere auf den Stundenaufwand und damit auch die termingerechte Abarbeitung der einzelnen Aufträge (Projekte) lenken.

Die Festlegung der Bonushöhe geschieht vermittels der in Abb. 4-5 dargestellten Bonustabelle, wobei der Punktwert für das Bewertungsmerkmal 3 jeweils für die zwei Quartale eines Halbjahres gleich bleibt.

Bewertungspunkte	Teambonus in DM	Bewertungspunkte	Teambonus in DM
0	0	11	6600
1	600	12	7200
2	1200	13	7800
3	1800	14	8400
4	2400	15	9000
5	3000	16	9600
6	3600	17	10200
7	4200	18	10800
8	4800	19	11400
9	5400	20	12000
10	6000		

Abb. 4-5: Bonustabelle

Ein Modus zur Verteilung des erarbeiteten Quartalsbonus auf die Mitarbeiter innerhalb des Bereiches bzw. der Teams ist nicht festgelegt. Die Mitarbeiter haben die Möglichkeit, sowohl gleich als auch unter Berücksichtigung des Leistungsbeitrages des Einzelnen zu verteilen.

4.5 Ausblick

Bezüglich der dritten Zielkategorie „Innovationsgrad", d.h. des Anteils des Umsatzes neuer Erzeugnisse am Gesamtumsatz, besteht die Absicht, sie kurzfristig für die Mitarbeiter des Verkaufs entgeltwirksam zu gestalten. Demgemäß soll auch in diesem Bereich die Erfüllung der Ziele bezüglich des Verkaufs neuer Erzeugnisse einen höheren Stellenwert erhalten. Gegenwärtig wird die entsprechende Ausgestaltung der Bonusregelung erprobt, um ungewollte Kosteneffekte auszuschließen.

5 Ziel- und erfolgsorientiertes Entgelt im Vertrieb

von H. D. Koppenburg und K.-D. Becker

5.1 Unternehmen

Branche: Elektronik-Industrie
Produkte: elektronische Bauteile
Fertigungsart: Serienfertigung
Beschäftigte: < 500
*In das neue Bonussystem
einbezogene Mitarbeiter*: ca. 20 Vertriebsmitarbeiter

5.2 Anlass/Ausgangssituation

Die Geschäftsprozesse im Unternehmen wurden entsprechend der in den letzten Jahren eingetretenen Veränderungen der Wettbewerbsbedingungen so gestaltet, dass auf die Anforderungen und Erwartungen der Kunden schnell und zuverlässig reagiert werden kann. Besonderes Augenmerk fand dabei auch der Vertrieb als der Bereich mit dem engsten externen Kundenkontakt. Neue Strukturen und Formen der Arbeitsorganisation durch Veränderungen der Arbeitsaufgaben, Teamarbeit u. a. schaffen Grundlagen für Verkaufserfolge; letztendlich erreicht werden sie aber durch das Engagement und Verhandlungsgeschick der Mitarbeiter im Vertrieb.

Die Vertriebsmitarbeiter stehen vor der Aufgabe, auf dem sich rasch verändernden Markt durch persönliche Flexibilität und Einsatz die Marktchancen des Unternehmens zu sichern und zu verbessern. Das in der Vergangenheit in diesem Bereich angewendete, allein auf Umsatz ausgerichtete Anreizsystem berücksichtigt zu wenig das Engagement der Mitarbeiter bei der Verfolgung der Absatzziele und ihren tatsächlich erreichten Erfolg. Deshalb wurde ein den veränderten Bedingungen entsprechendes ziel- und erfolgsorientiertes Entgeltsystem entwickelt und eingeführt.

5.3 Ziele des neuen Entgeltsystems

Das neue Entgeltsystem soll die Erfolge und Leistungen der Mitarbeiter im Vertrieb unter den Bedingungen der veränderten Organisation vergüten. Auf Grund der vielfältigen Anforderungen an den Absatz in Bezug auf die verschiedenen Kunden, die Menge, Kosten, Ertrag etc. müssen mehrere unterschiedliche Kennzahlen bewertet werden. Zudem ist es häufig erforderlich, entsprechend den sich im Verlauf eines Jahres verändernden Marktbedingungen die Leistungs- und Erfolgsziele anzupassen. Das Entgeltsystem muss deshalb Anreize für mehrere Kennzahlen geben können und flexibel hinsichtlich eintretender Veränderungen sein. Dementsprechend sollen auf der Grundlage der von der Geschäftsführung definierten Jahreszielstellungen für den Absatz zwischen dem Vorgesetzten und den Mitarbeitern die Ziele vereinbart werden. Im Interesse der Transparenz, Einfachheit und Übersichtlichkeit sind nur zwei Entgeltkomponenten vorzusehen: das Grundgehalt und eine leistungs- und erfolgsbezogene Komponente.

5.4 Beschreibung des Entgeltsystems

Als Entgeltform wurde eine vom Erreichen vereinbarter Ziele abhängige Erfolgsprämie gewählt. Die Erfolgsprämie tritt an die Stelle der tariflichen Leistungszulage (vgl. Abb. 5-1). Zielvereinbarungen werden zwischen dem einzelnen Mitarbeiter oder einem Team und der jeweiligen Führungskraft abgeschlossen.

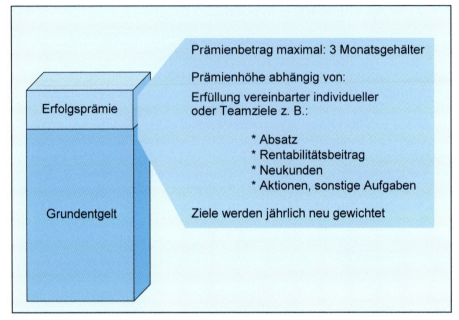

Abb. 5-1: Entgeltaufbau

5.4.1 Zielabhängige Erfolgsprämie

Die Erfolgsprämie beträgt bei 100 %iger Erreichung aller vereinbarten Ziele drei Monatsgehälter der jeweiligen Gehaltsgruppe. Dieser Wert bildet den so genannten Prämienmessbetrag, der als Jahresbetrag die Berechnungsbasis für die im laufenden Jahr erreichbare Erfolgsprämie ist.

Mit der monatlichen Gehaltszahlung werden jeweils 7,5 Prozent des Prämienmessbetrages ausbezahlt. Sollte die monatliche Rückmeldung im Laufe des Jahres zeigen, dass die voraussichtliche gesamte Jahresprämie kleiner sein wird als die bereits geleisteten Abschlagszahlungen, so können die monatlichen Beträge auch verringert werden. Die zu viel gezahlte Abschlagszahlung wird nicht von der letzten Gehaltszahlung abgezogen, sondern geht als Negativ-Bonus in die kommende Vereinbarungsperiode ein. Die Abrechnung der Gesamtprämie und die Auszahlung der verbleibenden Prämiensumme erfolgt im zweiten Monat nach Abschluss des Abrechnungsjahres.

Für jedes Abrechnungsjahr bestimmt die Geschäftsführung jeweils vor Beginn der Vereinbarungsgespräche neu:

a) zu welchen Schwerpunkten Ziele als Grundlage für die Erfolgsprämie vereinbart werden können,
b) für welche Schwerpunkte kürzere als einjährige Vereinbarungsperioden vorzusehen sind,
c) wie der Prämienmessbetrag auf die Schwerpunkte aufzuschlüsseln ist,
d) welchen Anteil vom Prämienmessbetrag für im Laufe des Jahres erforderlich werdende Aufgaben in Reserve gehalten werden.

Die jeweilige Führungskraft vereinbart mit dem einzelnen Mitarbeiter und/oder dem Team am Beginn der Abrechnungsperiode zu den von der Geschäftsführung festgelegten Schwerpunkten die bis zum Ende der Periode zu erreichenden Soll-Niveaus. Grundsätzlich ist der Prämienmessbetrag bis zum Ende jedes Abrechnungsjahres vollständig an Zielvereinbarungen zu binden. Das erfordert, im Laufe des Jahres zu neuen Schwerpunktaufgaben weitere Ziele zu vereinbaren, um die Reserve des Prämienmessbetrages zielbezogen einzusetzen.

Der Grad der Zielerreichung errechnet sich für jedes Ziel nach der Formel:

$$\text{Grad der Zielerreichung} = \frac{\text{erreichter Zielwert} \times 100}{\text{vereinbarten Zielwert}}$$

Die Prämienhöhe wird als Summe der auf die einzelnen Ziele entfallenden Teilprämien anhand der in Abb. 5-2 aufgeführten Tabelle ermittelt. Die zugrunde liegende Prämienkurve hat die stärksten Steigungen bezüglich der Zielerreichungsgrade unter 95 Prozent und über 105,9 Prozent. Auf diese Weise erhalten gravierende Erfolge, aber auch Misserfolge, ein besonders hohes Gewicht für die Prämienhöhe.

% Zielerreichung	% Prämie
90,0 – 90,9	70
91,0 – 91,9	74
92,0 – 92,9	78
93,0 – 93,9	82
94,0 – 94,9	86
95,0 – 95,9	90
96,0 – 96,9	92
97,0 – 97,9	94
98,0 – 98,9	96
99,0 – 99,9	98
100,0 – 100,9	100
101,0 – 101,9	102
102,0 – 102,9	104
103,0 – 103,9	106
104,0 – 104,9	108
105,0 – 105,9	110
106,0 – 106,9	114
107,0 – 107,9	118
108,0 – 108,9	122
109,0 – 109,9	126
110,0 – 110,9	130
für jeden weiteren Prozentpunkt	+ 4 %

Abb. 5-2: *Prämientabelle*

5.4.2 Ziele

Die Ziele sind angestrebte Ergebnisse bezüglich einzelner Vertriebskennzahlen, die durch das Handeln und Entscheiden des einzelnen Vertriebsmitarbeiters oder eines Vertriebsteams erreicht werden sollen. Es handelt sich dabei um Schwerpunkte, die sich aus der übertragenen Arbeitsaufgabe des Vertriebsmitarbeiters oder der Teamaufgabe ergeben. Die Ziele sind stets auf eine Verbesserung, mindestens aber eine Stabilisierung des in der abgelaufenen Vereinbarungsperiode erreichten Ist-Niveaus gerichtet, und zwar bezüglich Kennzahlen des Umsatzes, des Rentabilitäts-Beitrages, dem Halten und Gewinnen von Neukunden sowie temporär wichtiger Aktionen und Aufgaben im Vertrieb. Eine Vereinbarung von Zielen unter dem in der abgelaufenen Vereinbarungsperiode erreichten Ist-Niveau ist nur bei gravierenden Marktveränderungen in seltenen, von der Geschäftsführung zu bestätigenden Ausnahmefällen möglich. Ziele für den Schwerpunkt Umsatz werden ausgedrückt durch die Kennzahlen

- Brutto-Umsatz in DM und/oder
- Netto-Umsatz in DM und/oder
- Umsatz in Mengen.

Jede dieser Umsatzkennzahlen kann in der Zielvereinbarung des einzelnen Mitarbeiters oder Teams definiert werden für bestimmte

- Produkte,
- Kunden oder
- andere Merkmale des Absatzes.

Die Ziele zum Rentabilitäts-Beitrag des Mitarbeiters oder Teams beziehen sich

- auf die vom Mitarbeiter oder Team gesamt erzielte Rentabilität oder
- auf die Rentabilität bezüglich einzelner Kunden oder Kunden-Gruppen oder
- auf die Rentabilität bezüglich einzelner Produkte oder Produkt-Gruppen.

Die Kennzahl „Rentabilitäts-Beitrag" beinhaltet den Netto-Umsatz abzüglich der Erlösschmälerungen, Herstell- oder Einstandskosten der Produkte, die dem Umsatz zugrunde liegen, sowie die direkt zurechenbaren Kosten. Diese können im Falle der Kunden-Rentabilität etwas anders sein als bei der Produkt-Rentabilität. Was den einzelnen Positionen jeweils im Detail zugerechnet wird, kann sich von Geschäftsjahr zu Geschäftsjahr entsprechend neueren Erkenntnissen und Erfordernissen ändern. Bedingung für das Prämiensystem ist jedoch, dass die Abrechnung der Kennzahlen auf den gleichen Berechnungsvorschriften beruht, wie ihre Vereinbarung.

Bezüglich dem Schwerpunkt „Neukunden" werden Ziele vereinbart

- zur Neugewinnung von Kunden und/oder
- zum Nachfolge-Umsatz mit neugewonnenen Kunden der abgelaufenen Abrechnungsperiode.

Ziele zur Gewinnung von Neukunden werden in den Kennzahlen „Umsatz mit neuen Kunden" (Mengen oder Wert) oder „Rentabilität" ausgedrückt. Abgerechnet wird der Grad der Zielerreichung in Prozent. Neukunden sind alle diejenigen Kunden, zu denen im Vorjahr keine Lieferbeziehungen bestanden.

Ziele zum Nachfolge-Umsatz mit neugewonnenen Kunden gehen vom erreichten Ergebnis bei der Gewinnung von Neukunden im Vorjahr aus. Dieses Ergebnis (nicht die damals vereinbarte Zielsetzung) ist das Ziel in der neuen Vereinbarungsperiode. Die Zielerreichung wird am Umsatz gemessen, der in der Folgeperiode mit dem gleichen Kundenkreis (also ohne zusätzliche Neukunden) erzielt wird. Abgerechnet wird auch hier der Grad der Zielerreichung in Prozent.

Zu Beginn und/oder während jedes Geschäftsjahres können sich kurzfristige Schwerpunkte für den Vertrieb ergeben, die nicht einem der vorangehend beschriebenen Ziele zuzuordnen sind. Der zuständige Vorgesetzte kann dann zu diesen Schwerpunkten mit dem einzelnen Mitarbeiter oder den Teams ein oder mehrere auch kurzfristige Ziele vereinbaren, die in die Abrechnung der Erfolgsprämie einbezogen werden. Als Quelle für die Teilerfolgsprämie zu den im Laufe des Geschäftsjahres zusätzlich vereinbarten Zielen dient – wie oben ausgeführt – der zurückgestellte, noch nicht an Ziele gebundene Rest des Prämienmessbetrages. Der Vorgesetzte legt fest, welcher Anteil vom Prämienmessbetrag der jeweiligen Aufgabe zugeteilt wird, auf welche Weise ihre Erfüllung gemessen wird und für welche Zeitperiode die Aufgabe gilt.

Für jedes Ziel wird die Vereinbarungsperiode gesondert festgelegt. Den Erfordernissen angepasst, kann die Vereinbarungsperiode für die Einzelziele auch weniger als ein volles Jahr betragen. Am Ende der Vereinbarungsperiode werden die einzelnen Ziele abgerechnet.

5.4.3 Ablauf der Zielvereinbarung

■ *Voraussetzung*

Da es sich bei der zielorientierten Erfolgsprämie um eine Form des Entgelts handelt, wurde eine Betriebsvereinbarung zwischen der Geschäftsführung und dem Betriebsrat abgeschlossen, die den Rahmen der Zielvereinbarungen absteckt. Die Regelungsaspekte sind in Abb. 5-3 aufgeführt.

■ *Vorbereitungsphase*

Von der Geschäftsführung werden die Unternehmensziele für das kommende Geschäftsjahr einschließlich der Schwerpunkte für den Absatz definiert (z.B. Schwerpunktprodukte, Absatzgebiete, Umsatzzahlen). Zugleich wird die Aufteilung des Prämienmessbetrages auf die Schwerpunkte und den Restbetrag für im Laufe des Jahres noch zu vereinbarende Ziele festgelegt. Vom Vorgesetzten werden aus den Unternehmenszielen vom einzelnen Mitarbeiter entsprechend

Höhe des Prämienmessbetrages:

➢ drei Monatsgehälter

Mögliche Ziele:

➢ Umsatz, Rentabilitätsbeitrag, Neukunden, Aktionen und sonstige Aufgaben

Zielvereinbarungsperiode :

➢ ein Jahr oder kürzer

Fälligkeit der Prämie:

➢ zweiter Monat nach Ablauf des Abrechnungsjahres, monatlich vorab 7,5 Prozent des Prämienmessbetrages

Ablauf der Zielvereinbarung:

➢ Wer vereinbart mit wem, Informationen an den Mitarbeiter im Verlaufe der Abrechnungsperiode, Formblätter, Abrechnung der vereinbarten Ziele

Vereinbarungspartner:

➢ Vorgesetzter und Mitarbeiter bzw. Team

Sonstige Regelungen:

➢ Änderungen von Zielvereinbarungen bei sich ändernden Bedingungen (Preisänderungen, Gebiets- oder Kundenkreisänderungen, außergewöhnliche Umstände, längere Krankheit, Ausscheiden aus dem Unternehmen)

Abrechnungsbeispiel

Abb. 5-3: Regelungsaspekte der Betriebsvereinbarung

der jeweiligen Arbeitsaufgabe oder vom Team entsprechend der Teamaufgabe beeinflussbare Ziele abgeleitet (z. B. Umsatz für die Produkte A, B, C, Rentabilität der Kunden X und Y, Umsatz mit Neukunden). Diese situativen Ziele müssen im Rahmen der Schwerpunkte als Ziele zugelassen sein.

Die abgeleiteten Ziele werden dem Mitarbeiter bzw. dem Team übergeben. Gleichzeitig wird ein Gesprächstermin des Vorgesetzten mit dem Mitarbeiter bzw. dem Team vereinbart. Zu den einzelnen Zielen erhält der Mitarbeiter bzw. das Team die Aufstellung des Ist-Niveaus. Darüber hinaus übergibt der Vorgesetzte notwendige Informationen und Unterlagen zur Marktsituation des Unternehmens.

Der Mitarbeiter bzw. das Team bereiten sich auf dieser Grundlage auf das Vereinbarungsgespräch vor. Dabei werden eigene Vorschläge bezüglich der Möglichkeiten zur Realisierung der Ziele und – bei kurzfristigen Aufgaben – der Zeiträume, in denen sie realistisch erfüllt werden können, erarbeitet.

■ *Zielvereinbarungsgespräch*

Im anschließenden Zielvereinbarungsgespräch zwischen dem Vorgesetzten und dem Mitarbeiter bzw. dem Team vermittelt der Vorgesetzte nochmals den Hintergrund für die Ziele, und es werden die notwendigen und möglichen Zielstellungen beraten. Darauf aufbauend werden von beiden im Konsens die jeweiligen Soll-Niveaus zu den einzelnen Kennzahlen und die Laufzeit (ein Jahr oder kürzer) vereinbart. Zugleich wird der Informationsfluss über die Erfüllung festgelegt.

Das Vereinbarungsergebnis wird schriftlich in sog. Vereinbarungs- und Abrechnungsbögen festgehalten (vgl. Abb. 5-4) und dem Mitarbeiter bzw. dem Team übergeben.

Zu den vereinbarten Zielen werden jeweils schriftlich erfasst

- ◆ Angaben über das vereinbarte Ziel,
- ◆ die vereinbarten Kennzahlen,
- ◆ das zu erreichende Soll-Niveau je Kennzahl und
- ◆ die Angabe, welcher Anteil vom Prämienmessbetrag dem Ziel zugeteilt wurde.

■ *Realisierungsphase*

Monatlich erhält jeder Mitarbeiter eine Information über den erreichten Stand bezüglich der einzelnen Ziele auf der Grundlage der mit der Buchhaltung und der Datenverarbeitung abgestimmten Zahlen.

Ziel- und erfolgsorientiertes Entgelt im Vertrieb

Teil-Prämien-Vereinbarung und Abrechnung	für Herrn/Frau X Y	Laufzeit der Zielsetzung vom *01. Januar 19..* bis *31. Dezember 19..*

Abrechnungsgebiet: Neukunden

Gewinnung von Neukunden

1.	Lt. separater Aufstellung haben Sie mit neuen Kunden im Vereinbarungszeitraum erreicht: *Rohgewinn mit Neukunden (im Jahre 19.. ohne Umsätze)*		
2.	Als Ziel haben wir mit Ihnen vereinbart: *Rohgewinn mit Neukunden (im Jahre 19.. ohne Umsätze)*		DM 110.000
3.	Sie haben Ihr Ziel somit erreicht mit		
4.	Lt. Prämientabelle (Anhang 1 der Prämienvereinbarung) ergibt dies eine Prämie von		
5.	Der Anteil am Prämienmessbetrag beträgt	*10 %*	DM 1.500
6.	Sie haben sich somit einer Prämie erarbeitet von		

Bemerkungen:

Halten von Neukunden aus dem Vorjahr

1.	Lt. separater Aufstellung haben Sie mit Neukunden im Vereinbarungszeitraum erreicht: *Rohgewinn*		
2.	Mit diesen Kunden hatten Sie lt. der vorangegangenen Prämienabrechnung erreicht: *Rohgewinn*		DM 120.000
3.	Sie haben Ihr Ziel somit erreicht mit		
4.	Lt. Prämientabelle (Anhang 1 der Prämienvereinbarung) ergibt dies eine Prämie von		
5.	Der Anteil am Prämienmessbetrag beträgt	*10 %*	DM 1.500
6.	Sie haben sich somit eine Prämie erarbeitet von		

Bemerkungen:

Abb. 5-4: Dokumentieren der Zielvereinbarung mittels Vereinbarungs- und Abrechnungsbogen, z. B. für die Kennziffern: Gewinnung von Neukunden sowie Halten von Neukunden

Treten während der Vereinbarungsperiode gravierende Preisänderungen ein, die bei der Zielvereinbarung noch nicht bekannt waren und dementsprechend auch nicht berücksichtigt werden konnten, kann in der Realisierungsphase auch eine Korrektur der Ziele erfolgen. Die betreffenden Ziele werden den veränderten Verhältnissen entsprechend nach oben oder nach unten korrigiert, wenn ohne diese Anpassungen die Resultate in erheblichem Ausmaß verfälscht würden. Ist aus betrieblichen oder marktbedingten Gründen eine Änderung des Reisegebietes für den einzelnen Mitarbeiter bzw. das Team oder des Kundenkreises erforderlich, so wird der festgelegte Prämienmessbetrag nicht berührt, jedoch die Ziele werden den veränderten Verhältnissen angepasst.

Bei Arbeitsunfähigkeit durch Krankheit von mehr als 10 Tagen werden die Ziele ebenfalls, und zwar in Relation zu den Fehltagen, korrigiert.

■ *Abrechnung*

Für jedes einzelne Ziel wird der Teilprämienbetrag entsprechend dem Grad der Zielerreichung anhand der einheitlich für alle Ziele geltenden Prämientabelle (vgl. Abb. 5-2) sowie den für das Ziel festgelegten Anteil vom Prämienmessbetrag gesondert ermittelt.

Nach Ende des Vereinbarungszeitraumes erhält der Mitarbeiter bzw. das Team die gleichen Vereinbarungs- und Abrechnungsbögen, die schon für die schriftliche Festlegung der Zielvereinbarung verwendet wurden, jedoch ergänzt um die Abrechnung (Beispiel s. Abb. 5-5). Maßgebend für die Abrechnung sind die offiziellen, mit Buchhaltung und EDV abgestimmten Zahlen. In Abhängigkeit von der erreichten Prämienleistung wird die Erfolgsprämie entsprechend der Prämientabelle in Abb. 5-2 ermittelt.

Treten während einer Vereinbarungsperiode außergewöhnliche Umstände ein, die der einzelne Mitarbeiter bzw. das Team nicht beeinflussen kann oder nicht zu verantworten haben und die nicht in Zielkorrekturen berücksichtigt sind, so kann der Vorgesetzte nach sorgfältiger Prüfung entscheiden, ob und in welchem Umfang ein Prämienausgleich gewährt wird. Ein Rechtsanspruch auf einen solchen Ausgleich besteht nicht.

Ziel- und erfolgsorientiertes Entgelt im Vertrieb

Teil-Prämien-Vereinbarung und Abrechnung	für Herrn/Frau XY	Laufzeit der Zielsetzung vom 01. Januar 19.. bis 31. Dezember 19..

Abrechnungsgebiet: Neukunden

Gewinnung von Neukunden

1.	Lt. separater Aufstellung haben Sie mit neuen Kunden im Vereinbarungszeitraum erreicht: *Rohgewinn mit Neukunden (im Jahre 19.. ohne Umsätze)*		DM 120.000
2.	Als Ziel haben wir mit Ihnen vereinbart: *Rohgewinn mit Neukunden (im Jahre 19.. ohne Umsätze)*		DM 110.000
3.	Sie haben Ihr Ziel somit erreicht mit		109,1 %
4.	Lt. Prämientabelle (Anhang 1 der Prämienvereinbarung) ergibt dies eine Prämie von		126 %
5.	Der Anteil am Prämienmessbetrag beträgt	10 %	DM 1.500
6.	Sie haben sich somit einer Prämie erarbeitet von		DM 1.890

Bemerkungen:

Halten von Neukunden aus dem Vorjahr

1.	Lt. separater Aufstellung haben Sie mit Neukunden im Vereinbarungszeitraum erreicht: *Rohgewinn*		DM 115.000
2.	Mit diesen Kunden hatten Sie lt. der vorangegangenen Prämienabrechnung erreicht: *Rohgewinn*		DM 120.000
3	Sie haben Ihr Ziel somit erreicht mit		95,8 %
4.	Lt. Prämientabelle (Anhang 1 der Prämienvereinbarung) ergibt dies eine Prämie von		90 %
5.	Der Anteil am Prämienmessbetrag beträgt	10 %	DM 1.500
6.	Sie haben sich somit eine Prämie erarbeitet von		DM 1.350

Bemerkungen:

Abb. 5-5: Abrechnung der Zielvereinbarung mittels Vereinbarungs- und Abrechnungsbogens, z. B. für die Kennziffer: Gewinnung von Neukunden sowie Halten von Neukunden

■ *Jahreszusammenstellung*

Sind alle im Laufe eines Jahres vereinbarten Ziele abgerechnet, wird die Jahreszusammenstellung dokumentiert (vgl. Abb. 5-6).

Für den Fall, dass die am Anfang des Jahres durch die Geschäftsführung festgelegte Reserve nicht für Zielvereinbarungen verwendet wird, geht der verbleibende Rest trotzdem am Ende der Abrechnungsperiode in die Abrechnung ein (s. Zeilen 8 bis 10 der Abb. 5-6). Dazu wird der nicht an Zielvereinbarungen gebundene Betrag mit dem aus den abgerechneten Aufgaben durchschnittlich erzielten Prämienprozentsatz gewichtet. Als Formel ausgedrückt ergibt sich:

$$\text{Prämienprozentsatz für die Abrechnung des Rest-Prämienmessbetrages} = \frac{\text{Insgesamt für die Erreichung einzelner Ziele erhaltene Prämie}}{\text{Summe der diesen Einzelzielen zugeteilten Anteile am Prämienmessbetrag}}$$

Die insgesamt im Abrechnungszeitraum eines Jahres erzielte Erfolgsprämie ergibt sich aus der Summe aller Teilprämien, die entsprechend dem Grad der Zielerreichung der Einzelziele anhand der Prämientabelle bestimmt wurden, sowie aus dem mit dem durchschnittlich erzielten Prämienprozentsatz gewichteten Rest-Prämienmessbetrag.

■ *Auswertungsgespräch*

Mit Beginn des neuen Geschäftsjahres erfolgt der Prozess der Zielvereinbarung erneut in den dargestellten Ablaufschritten. Dabei können in Abhängigkeit von den sich entwickelnden Bedingungen des Marktes sowohl die Ziele selbst als auch die Niveaus der Kennzahlen für einzelne oder alle Ziele variieren.

Einige Tage vor der erneuten Zielvereinbarung führt der Vorgesetzte mit dem Mitarbeiter bzw. Team ein Auswertungsgespräch über die erreichten Ergebnisse sowie die bei der Realisierung gesammelten und für künftige Vereinbarungen zu berücksichtigenden Erfahrungen. Dabei analysieren beide Seiten gemeinsam die Ursachen, die zu besonders herausragenden Erfolgen oder auch zu Misserfolgen geführt haben. Die Trennung dieser Auswertung vom erneuten Zielvereinbarungsgespräch hat sich als zweckmäßig erwiesen. So wird gewährleistet, dass in die Vereinbarungsgespräche die Erfahrungen aller einfließen können und auch bei Misserfolgen des Einzelnen im zurückliegenden Geschäftsjahr im Mittelpunkt dieser Gespräche in erster Linie neue Ziele und nicht Schuldzuweisungen stehen.

Ziel- und erfolgsorientiertes Entgelt im Vertrieb

	Gesamt-Prämien-Zusammensetzung	für Herrn/Frau X Y		Abrechnungsjahr 19..	
		Zielerfolg %	Prämie %	Anteil am PMB % / DM	Prämie DM
1.	Absatz Produkte A B C	102,8	104	20 / 3.000	3.120
	Produkt D	104,2	108	10 / 1.500	1.620
2.	Rentabilitäts-Beitrag	98,9	96	40 / 6.000	5.760
3.	Gewinn von Neukunden	109,1	126	10 / 1.500	1.890
4.	Halten von Neukunden	95,8	90	10 / 1.500	1.350
5.	Sonstige Aufgaben keine				
6.	Total abgerechnet			90 / 13.500	13.740
7.	Prämienmessbetrag			100 = 15.000	
8.	Nicht abgerechneter Anteil			10 / 1.500	
9.	Ihre Durchschnittsprämie aus 6 beträgt	101,8	↓	↓	
10.	Das ergibt eine Restprämie	101,8		10 / 1.500	1.527
11.	Die totale Jahresprämie beträgt				15.267
12.	Als Anzahlung haben Sie erhalten:	12 x 1.125 DM			13.500
13.	Ihr Restguthaben				1.767

Abb. 5-6: Gesamtprämien-Abrechnungsbogen

5.5 Ausblick

Veröffentlichungen der letzten Jahre verweisen auf einen Anstieg der variablen Vergütung, insbesondere von Außendienstmitarbeitern. Dabei kommen in erster Linie Provisionen und Prämien zur Anwendung. Mit Provisionen werden vorwiegend laufende Vertriebsleistungen honoriert. Prämien hingegen dienen zumeist als Belohnung für besondere Anstrengungen und Leistungen. Daneben werden verstärkt erfolgsabhängige Jahreszahlungen gewährt. Allein vom Umsatz abhängige Vergütungen im Vertrieb entsprechen oft nicht mehr den betrieblichen Erfordernissen. Demgemäß stehen immer mehr Unternehmen vor der Aufgabe, das Entgelt für diese Mitarbeiter abhängig vom Erfolg beim Erreichen vereinbarter wert-, produkt- oder kundenbezogener Ziele zu gestalten. Mit der vorstehend dargestellten Entgeltlösung erhalten Unternehmen Anregungen für eigene weiter gehende Überlegungen.

6 Zielvereinbarungen im Rahmen des OTTO FUCHS Erfolgsbeteiligungssystems

von S. Laartz

6.1 Unternehmen

Branche:	NE-Metallindustrie
Produkte:	Schmiede- und Strangpressprodukte aus NE-Metallen wie z. B. hochfeste, komplexe Schmiedeteile für die Automobil- und Luftfahrtindustrie, Strangpressprofile für die Fenster- bzw. Fassadenfertigung, Synchronringe für PKW-Getriebe
Fertigungsart:	Serienfertigung (Kleinstserien bis zur Massenproduktion)
Beschäftigte:	ca. 2.800 (in den Standorten Meinerzhagen und Dülken)
In das Entgeltsystem einbezogene Mitarbeiter:	alle Mitarbeiter des Standortes Meinerzhagen (ca. 2.400)

6.2 Anlass/Ausgangssituation

Schon vor ca. 40 Jahren wurde bei den OTTO FUCHS Metallwerken ein Erfolgsbeteiligungssystem eingeführt. Ziel dieses Systems war es, jeden Mitarbeiter am Unternehmenserfolg partizipieren zu lassen und so die Verantwortung aller Mitarbeiter für ihren Arbeitsbereich zu stärken. Dieses System – bereits in den 60er Jahren in der Öffentlichkeit diskutiert – prägt bis heute die Grundzüge des Entgeltsystems von OTTO FUCHS.

Im grundsätzlichen Entgeltaufbau wurde zwischen den so genannten „direkten" und „indirekten" Mitarbeitern unterschieden. Unter direkten Mitarbeitern wurden und werden alle Mitarbeiter verstanden, die direkt in den Produktionsprozess eingebunden waren bzw. sind. Der Entgeltaufbau für diese Mitarbeitergruppe ist in Abb. 6-1 schematisch dargestellt. Aufbauend auf dem Grundentgelt, das auf Stellenbeschreibungen und den tariflichen Lohngruppen basiert, wurden zwei weitere Entgeltbestandteile, die Maschinenausnutzungsprämie und der persönliche Überverdienst (Akkord) gezahlt. Zusätzlich wurde eine Erfolgsbeteiligungsprämie (Rentabilitätsprämie) in gleicher Höhe für alle direkten Mitarbeiter einer Abteilung gezahlt. Diese Prämie errechnete sich aus dem wirtschaftlichen Erfolg der jeweiligen Produktionsabteilung.

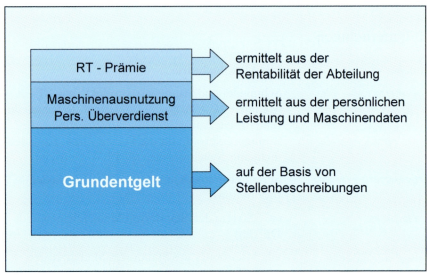

Abb. 6-1: „Alter" Entgeltaufbau direkte Bereiche

Analog stellte sich der Entgeltaufbau für die indirekten Bereiche (vgl. Abb. 6-2) dar. Auch hier basierte das Grundentgelt (Gehalt oder Lohn) auf Stellenbeschreibungen. Hinzu kam eine Erfolgsbeteiligungsprämie, die sich jedoch vorrangig nach dem wirtschaftlichen Erfolg des gesamten Werkes richtete, da in diesen Bereichen (z.B. Verwaltung oder zentrale Instandhaltung) kein direkter wirtschaftlicher, marktbezogener Erfolg messbar war bzw. ist.

Ein individuelles Beurteilungssystem zur Ermittlung von persönlichen Zulagen bestand nicht und wurde auch im neuen Entgeltsystem nicht eingeführt.

Ein Hauptgrund für die Überarbeitung des Entgeltsystems im Werk Meinerzhagen war die über Jahre entstandene Intransparenz und Komplexität. Ausgehend von ursprünglich sechs Grundtabellen für unterschiedliche Mitarbeitergruppen (Angestellte, Facharbeiter, Hilfsfunktionen, Hilfsbetriebe, etc.) zur Ermittlung/Festlegung der Erfolgsbeteiligungsprämie, entwickelten sich im Laufe der Zeit immer mehr „Ableger" dieser Tabellen. Für Fälle, in denen eine spezielle Regelung getroffen werden musste, wurden Prämientabellen über Kor-

Zielvereinbarungen im Rahmen des OTTO FUCHS Erfolgsbeteiligungssystem

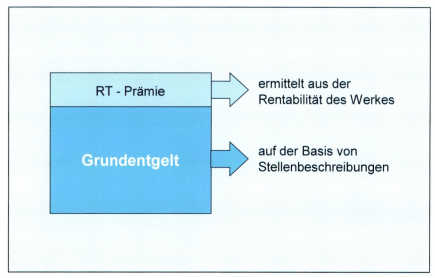

Abb. 6-2: „Alter" Entgeltaufbau indirekte Bereiche

rekturfaktoren neu geschaffen. Das Gesamtsystem der Entgeltfindung wurde sowohl für die Mitarbeiter als auch die betreuenden Bereiche zunehmend schwieriger. Es konnte so seinen ursprünglichen Zweck, schnelle und nachvollziehbare Ergebnisrückmeldung zur weiteren Motivation und Erhöhung der Eigenverantwortung der Mitarbeiter durch Beteiligung am Unternehmenserfolg zu ermöglichen, nicht mehr erfüllen.

Ein weiterer Grund findet sich in der allgemeinen wirtschaftlichen Krise, die Ende der 80er und zu Beginn der 90er Jahre auch die Firma OTTO FUCHS nicht verschonte. Neben starken Anstrengungen, dem zunehmenden Kostendruck durch entsprechenden Produktivitätszuwachs zu begegnen, wurde ein internes Bündnis für Arbeit zwischen Geschäftsführung und Betriebsrat geschlossen. Dieses Bündnis für Arbeit hatte unter anderem Auswirkungen auf die Verdienste aller Mitarbeiter, die durch befristete Betriebsvereinbarungen reduziert wurden.

Die Einführung neuer Organisationskonzepte für eine wirtschaftlichere Fertigung ließ deutlich werden, dass das bestehende Entgeltsystem überarbeitet werden musste. Dies führte zur Entscheidung der Geschäftsführung, gemeinsam mit dem Betriebsrat, das Entgeltsystem zu modernisieren und dabei die Grundsätze des Erfolgsbeteiligungssystems OTTO FUCHS beizubehalten.

6.3 Ziele der Entgeltlösung

Das Projekt „Modernisierung des Entgeltsystems" wurde im Herbst 1997 begonnen. Neben den angesprochenen Punkten sollten die in Abb. 6-3 aufgeführten Ziele, die zwischen Unternehmensleitung und Betriebsrat vereinbart wurden, erreicht werden.

Ziele: Verbesserung der Wirtschaftlichkeit des gesamten Unternehmens durch

- direkte Ergebnisrückmeldung an die Mitarbeiter zur Motivation
- Motivation zur Zusammenarbeit
- Aufbau von internen Kunden-Lieferantenbeziehungen
- Verbesserung der Prozesse
- breitere Basisqualifikation der Mitarbeiter
- einheitliches, durchschaubares Entgeltsystem

Abb. 6-3: Ziele des neuen Entgeltsystems

Zur Umsetzung dieser Ziele wurde für alle Unternehmensbereiche (direkte und indirekte Bereiche) der im Folgenden dargestellte dreigeteilte Entgeltaufbau vereinbart (Abb. 6-4).

Der dargestellte Entgeltaufbau gilt für *alle* Mitarbeiter des Werkes Meinerzhagen. Aufbauend auf dem individuellen tariflichen Grundentgelt wird eine Zielvereinbarungsprämie für das Erreichen vereinbarter Ziele für alle Mitarbeiter eines Arbeitsbereiches (innerbetrieblich auch Entgeltgruppe genannt) gezahlt. Bei entsprechender Wirtschaftlichkeit des Unternehmens oder der einzelnen Abteilungen wird weiterhin eine Erfolgsbeteiligungsprämie (RT-Prämie) gezahlt.

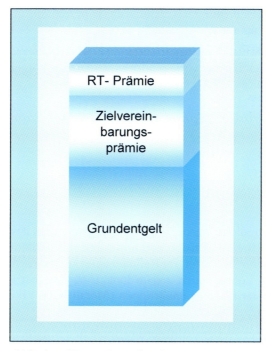

Abb. 6-4: Neuer Entgeltaufbau

6.4 Vorgehen zur Umsetzung

Die Vorgehensweise zur Umsetzung des neuen Entgeltsystems war für alle Bereiche/Abteilungen gleich. In einem ersten Schritt wurden Arbeitsbereiche definiert, für die eine gemeinsame Zielvereinbarung und, damit verbunden, ein neues System zur Bestimmung der Grundlöhne Gültigkeit haben sollte. Die Arbeitsbereiche wurden produkt- oder verrichtungsorientiert innerhalb einer Abteilung zusammengestellt. Ein wesentlicher Aspekt war die weitgehende personelle Konstanz in der Zusammensetzung der Arbeitsbereiche, da jeder Mitarbeiter einer Gruppe fest zugeordnet wurde.

Im zweiten Schritt wurden alle Mitarbeiter eines Arbeitsbereiches über die Grundsätze des neuen Entgeltsystems informiert und aufgefordert, Vertreter in eine neu gebildete Arbeitsgruppe zu entsenden. Diese Arbeitsgruppen, bestehend aus Mitarbeitervertretern, Abteilungsleitung, Betriebsrat, Zeitwirtschaft und Personalabteilung, hatten die Aufgabe, die betriebliche Grundsatzvereinbarung (Grundentgelt und Zielvereinbarung) speziell auf die Anforderungen des Bereiches anzupassen.

Im dritten Schritt wurden alle Mitarbeiter über das Arbeitsergebnis, das in Form einer Betriebsvereinbarung vorlag, informiert. Dieses Vorgehen wurde für jeden der insgesamt ca. 120 Arbeitsbereiche durchgeführt.

6.5 Entgeltsystem

6.5.1 Grundentgelt

■ *Grundlohn*

Der tarifliche Grundlohn wurde in der Vergangenheit auf der Basis von detaillierten Stellenbeschreibungen definiert und durch eine paritätisch besetzte „Einstufungskommission" bewertet. Im Rahmen einer summarischen Arbeitsbewertung wurden die Lohngruppen zugeordnet. Eine innerbetriebliche dreifache Unterteilung der tariflichen Lohngruppen (Metall NRW) bot die Möglichkeit einer größeren Entgeltdifferenzierung.

Eine Motivation zur Weiterqualifizierung durch den Mitarbeiter selbst ging von diesem System nicht aus, da die Initiative zur Umgruppierung oder Versetzung zum überwiegenden Teil durch die Vorgesetzten veranlasst wurde. Ein Ziel, das durch die Umstellung des Entgeltsystems erreicht werden sollte, war die Verbesserung der Qualifikation und damit der Flexibilität der Mitarbeiter.

Ein wesentlicher Schritt in Richtung aktiverer Qualifizierung war die Abkehr von der Stellenbeschreibung des einzelnen Arbeitsplatzes. Mit der Umstellung des Entgeltsystems wurden die Tätigkeiten, Verantwortungen und Aufgaben für Arbeitsbereiche definiert. Die so entstandenen Tätigkeitskataloge, die jeweils durch die eingesetzten Arbeitsgruppen erarbeitet wurden, dienen zur Grundlohndefinition der Mitarbeiter.

Mit Hilfe eines Bewertungsbogens stuft sich jeder Mitarbeiter selbst hinsichtlich seiner Qualifikation bezogen auf den Arbeitsbereich ein. Dieser Einstufungsbogen wird vom Vorgesetzten kontrolliert und gegengezeichnet, in Zweifelsfällen erfolgt eine Überprüfung. Die anteilige Qualifikation (Prozentsatz) bestimmt die Lohnstufe des Mitarbeiters.

Die Zuordnung des Qualifikationsniveaus zu Lohnstufen erfolgt durch eine „Lohnkurve" (Abb. 6-5), die für das gesamte Unternehmen vereinbart ist. Die Steigung der Kurve ist so gewählt, dass sie mit zunehmender Qualifikation im-

Zielvereinbarungen im Rahmen des OTTO FUCHS Erfolgsbeteiligungssystem 105

mer flacher wird, um der zunehmenden Flexibilität und Verantwortung Rechnung zu tragen. Aus dieser Kurve ist die Anzahl der Lohnstufen des Bereiches mit den dazugehörigen Prozentsätzen (Qualifikation) abzuleiten.

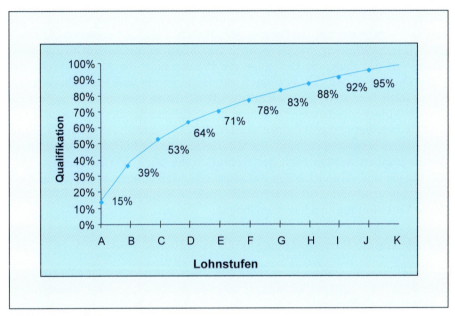

Abb. 6-5: Lohnkurve

Durch die Arbeitsgruppen wird ein Vorschlag zur Zuordnung der Lohngruppen erarbeitet, der von der Lohnkommission geprüft und genehmigt wird. Die Lohngruppen definieren sich, wie in der Vergangenheit, auf Grundlage des Tarifs Metall NRW, die innerbetrieblichen Zwischenlohngruppen wurden ebenfalls beibehalten.

■ *Grundgehalt*

Die Grundgehälter wurden im Rahmen der Entgeltumstellung nicht verändert. Die erstellten Stellenbeschreibungen sind weiterhin Grundlage zur tariflichen Gehaltseingruppierung in Anlehnung an das Gehaltsrahmenabkommen.

6.5.2 Zielvereinbarungsprämie

■ *Grundsätzliches*

Basis eines Zielvereinbarungssystems ist die Überzeugung, dass Ziele in einem definierten Rahmen zwischen Mitarbeitergruppen und Führungskräften diskutiert und vereinbart werden können. Der Rahmen, der unternehmensweit zwischen Geschäftsleitung und Betriebsrat vereinbart wurde, enthält Regelungen, die die Art der Ziele, die Definition der Prämienlinie, die Art und Weise der Zielveränderung und das Verfahren zur Bestimmung und Vereinbarung der Kennzahlen betreffen. Ein wesentlicher Punkt ist in diesem Zusammenhang, dass die Mitarbeiter bei der Definition der Ziele und der Bestimmung der Basiswerte beteiligt und einbezogen werden. Die Umsetzung erfolgt an der Basis (den Arbeitsbereichen etc.) mit den Mitarbeitern bzw. Mitarbeitervertretern. In Arbeitsgruppen werden nach der Definition der Ziele Veränderungen, Entwicklungen und Abweichungen diskutiert und Maßnahmen zur weiteren Zielverfolgung erarbeitet. An dieser Stelle bietet ein solches Entgeltsystem eine ideale Verknüpfung zu KVP-Aktivitäten!

■ *Definition der Zielvereinbarung für OTTO FUCHS:*

1. Ein Zielvereinbarungssystem muss sich unter Führung der Geschäftsleitung zu einer Gemeinschaft entwickeln, die alle Teilbereiche des Unternehmens gleichermaßen umfasst.

2. Zielvereinbarungen sind ein Top-down-Instrument, das, ausgehend von den Unternehmenszielen, jedem Teilbereich und jedem Mitarbeiter mit den Unternehmenszielen konforme Ziele und Teilaufgaben zuweist.

3. Zielvereinbarungen sind damit ein Führungsinstrument, das entsprechend genutzt und gepflegt werden muss.

Diese Definition der Zielvereinbarung gilt für das gesamte Unternehmen; alle vereinbarten Ziele sind dementsprechend auszurichten. Aufbauend auf dieser Definition wurden folgende Kategorien von Zielen für unterschiedliche Unternehmensbereiche erarbeitet:

◆ *Arbeitsziele*, die das laufende Geschäft betreffen (beispielsweise Steigerung der Produktivität, Verbesserung der Rentabilität, Verbesserung der Qualität, Erhöhung des Umsatzes, …)

◆ *Projektziele*, wie beispielsweise Ausfallquoten eines bestimmten Teiles verringern, Senkung Krankenstand, …

- Ziele, die sich auf die *Entwicklung und Veränderung* von Organisationseinheiten, Gruppen oder Funktionen beziehen (Verhalten, Kommunikation, Zusammenarbeit, Information, …)

■ *Umsetzung und Rahmenbedingungen*

Zwischen Geschäftsleitung und Betriebsrat wurden zu Beginn der Umsetzung Rahmenbedingungen und Regeln zur Ausgestaltung und Pflege der Zielvereinbarungen vereinbart. Diese beziehen sich zum einen auf die der Zielerreichung zugeordneten Prämien und zum anderen auf Kriterien, die zur Überprüfung und Veränderung der Ziele führen sollen.

Als weitere gravierende Veränderung wurde die Abkehr von der Leistungsentlohnung des einzelnen Mitarbeiters (Einzelakkord) hin zur Leistungsmessung und Prämierung einer Gruppenleistung (Zielvereinbarung nur für Gruppen) beschlossen.

Bei der Prämiengestaltung wurde von den Gegebenheiten des alten Entgeltsystems, das jeder Mitarbeitergruppe (Angestellte, Facharbeiter etc.) eine Prämienlinie zuordnete, ausgegangen. Die Vielzahl der Prämienlinien wurde jedoch auf vier reduziert. Die Anzahl der Prämienlinien orientiert sich an den alten Prämienniveaus. Es wurde folgende Prämienabstufung vereinbart:

Basis der Zielerreichungsprämie sind die direkten Mitarbeiter, die ehemaligen Akkordlöhner. Sie erhalten die Zielerreichungsprämie zu 100 Prozent. Die weiteren Mitarbeitergruppen erhalten folgende Prozentsätze der Prämie der direkten Mitarbeiter:

- Mitarbeiter in Hilfsfunktionen 80 Prozent,
- Facharbeiter 60 Prozent und
- Angestellte 45 Prozent.

Dies ist in Abb. 6-6 nochmals im Überblick dargestellt.

108 Zielvereinbarungen im Rahmen des OTTO FUCHS Erfolgsbeteiligungssystem

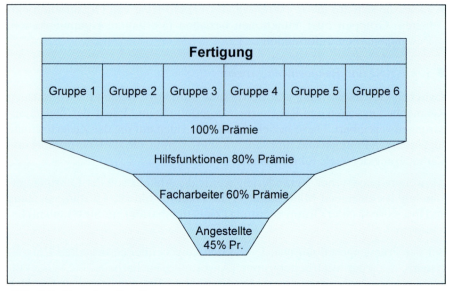

Abb. 6-6: Prämienabstufung

Diese Prämienabstufung der Zielerreichungsprämie ermöglicht gemeinsame Zielvereinbarungen entlang der gesamten Prozesskette und schafft große Transparenz, da bei gleicher Zielerreichung und gleicher Mitarbeitergruppe im gesamten Unternehmen die gleiche Zielvereinbarungsprämie gezahlt wird.

Wesentlicher Punkt eines Prämiensystems sollte die Dynamik des Systems sein, damit auf Veränderungen des Marktes, der Fertigungstechnologie und nicht zuletzt auch der Leistung schnell und unbürokratisch reagiert werden kann. Der organisatorische und verwaltungstechnische Aufwand, um Basis- und Bezugswerte zu verändern, muss so gering wie möglich sein.

Für OTTO FUCHS wurde ein so genanntes Zielfenster mit entsprechenden Eingriffsgrenzen definiert. Basiswert dieses Zielfensters ist ein Zielerreichungsgrad von 100 Prozent, dem eine entsprechende Prämie zugeordnet ist. Als Ober- bzw. Untergrenze des Zielfensters gelten 120 Prozent bzw. 80 Prozent Zielerreichungsgrad. Bei einem Zielerreichungsgrad von 80 Prozent werden 50 Prozent der Prämie und bei einem Zielerreichungsgrad von 120 Prozent – 150 Prozent der Basisprämie ausgezahlt (vgl. Abb. 6-7).

Schwankungen des Zielerreichungsgrades innerhalb des Zielfensters sind grundsätzlich zugelassen. Es gelten jedoch folgende „Spielregeln" zur Arbeit mit dem Zielvereinbarungssystem:

Zielvereinbarungen im Rahmen des OTTO FUCHS Erfolgsbeteiligungssystem 109

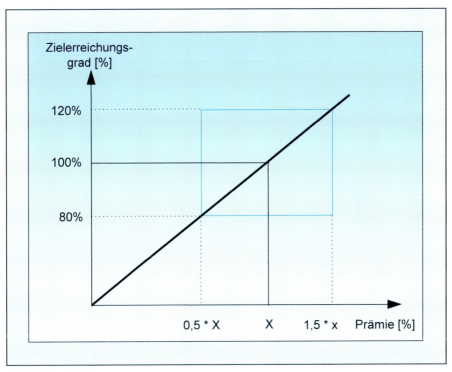

Abb. 6-7: *Zielfenster*

Die Zielvereinbarungen werden regelmäßig (monatlich) zwischen Mitarbeitern und Führungskräften in entsprechenden Gesprächsrunden diskutiert und überprüft. Bei diesen Zielvereinbarungsgesprächen müssen folgende Kriterien, die zu einer Anpassung oder Veränderungen der Ziele führen können, wie

- Schwankungen der Zielerreichung um mehr als 20 Prozent (Zielfenster verlassen),
- technische und/oder organisatorische Änderungen,
- absatzmarktbezogene Veränderungen,

überprüft werden. Dabei ist das Verlassen des Zielfensters nur *ein* Grund, um die Zielvereinbarung anzupassen. Die weiteren Kriterien können und sollen ebenfalls zu einer Anpassung der Ziele führen. Die Ziele sollten grundsätzlich erreichbar, aber auch so definiert sein, dass Leistung erbracht werden muss, um die Ziele zu erreichen. Das heißt, dass eine Zielvereinbarung idealerweise 5 Prozent um den Ausgangswert schwanken sollte. Die Zielvereinbarungsgespräche, die durch die Führungskräfte geführt werden, sind die Basis für eine erfolgreiche Arbeit mit dem System. Hier müssen Veränderungen erkannt und Maßnahmen diskutiert und vereinbart werden, um den jeweiligen Arbeitsbereich weiter zu entwickeln und einen Beitrag zur Erfüllung der Unternehmensziele zu leisten. Hier bietet sich ein idealer Anknüpfungspunkt zur KVP-Arbeit.

■ *Beispiele und praktische Arbeit*

In den Fertigungsbereichen des Unternehmens sind im Wesentlichen Ziele vereinbart, die Produktivitätsziele in Verbindung mit einer Qualitätskomponente beinhalten. Die Kennzahlen, die zur Messung und Verfolgung der Ziele definiert wurden, beziehen sich immer auf die eingesetzte Arbeitszeit der entsprechenden Arbeitsgruppe (z. B. Gutstück pro Mitarbeiterstunde). Qualitätskomponenten werden entweder als gesondertes Ziel vereinbart (Ausschussquote, Nacharbeit etc.) oder fließen dadurch, da nur „Gutstück" bewertet werden, direkt in die Produktivitätskennzahl ein. Dabei kann vom internen Kunden die Qualität „prämienwirksam" reklamiert werden.

In den indirekten und Dienstleistungsbereichen ist die Definition von quantifizierbaren Zielen deutlich schwieriger. Zum einen liegen hier keine Vergangenheitswerte vor, zum anderen ist die Leistung dieser Bereiche nur schwer in messbare Kennzahlen zu fassen. Vereinbart sind in diesen Bereichen Ziele, die sich auf die wirtschaftliche Entwicklung der internen Kunden beziehen oder die Zufriedenheit der internen Kunden hinsichtlich der angebotenen Dienstleistung (vgl. Abb. 6-8 und Abb. 6-9) bewerten.

In allen „indirekten" Bereichen ist als das bestimmende Ziel die „Entwicklung der wirtschaftlichen Situation des Unternehmens" als Bestandteil der Zielvereinbarung vorgegeben.

6.5.3 Erfolgsbeteiligungsprämie (RT-Prämie)

Der Entgeltbestandteil Erfolgsbeteiligungsprämie, der auf eine langjährige Tradition im Unternehmen zurückblickt, wurde im neuen Entgeltsystem modifiziert wieder aufgenommen. Der Vorteil eines solchen Prämienbestandteils liegt in der Möglichkeit, durch Veränderung der Zielvereinbarungsprämie die Erfolgsbeteiligungsprämie zu erhöhen, die ein Maß für den wirtschaftlichen Gesamterfolg darstellt.

Zielsetzung des Gesamtsystems ist es, die Zielvereinbarungsprämie auf Dauer auf einem annähernd konstanten Niveau zu halten und die Mitarbeiter über die Erfolgsbeteiligungsprämie an der Entwicklung des Unternehmens zu beteiligen.

Zielvereinbarungen im Rahmen des OTTO FUCHS Erfolgsbeteiligungssystem

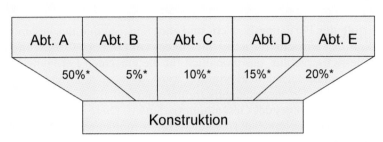

Abb. 6-8: Zielvereinbarung für den Konstruktionsbereich

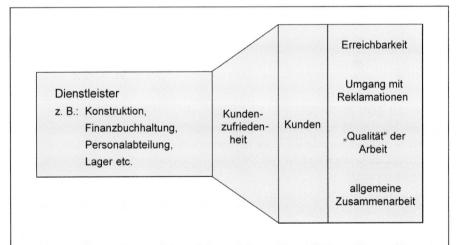

Abb. 6-9: Zielvereinbarung für interne Dienstleister

Bei OTTO FUCHS ist die Erfolgsbeteiligungsprämie für alle Fertigungsbereiche (direkte Bereiche) zweigeteilt. Sie berücksichtigt zum einen den wirtschaftlichen Erfolg des Fertigungsbereichs und zum anderen den des gesamten Unternehmens. Als wirtschaftlicher Erfolg gilt das vom Bereich Controlling ausgewiesene Betriebsergebnis, das monatlich für die einzelnen Fertigungsbereiche und das Gesamtunternehmen ermittelt wird. In den indirekten Bereichen errechnet sich die Erfolgsbeteiligungsprämie nur auf Basis der Kennzahl des wirtschaftlichen Erfolges des Gesamtunternehmens. Diese Erfolgsbeteiligungsprämie wird zusätzlich zur Zielerreichungsprämie monatlich für alle Mitarbeiter gezahlt. Alle Prämien werden mit einem zweimonatigen Zeitverzug ausgezahlt.

6.6 Erfahrungen mit dem neuen Entgeltsystem

Nach zweijährigen Erfahrungen lassen sich folgende Punkte zusammenfassen:

- *Grundlohn*

Das System wird von Mitarbeitern und Führungskräften akzeptiert und gelebt. Die größere Transparenz der Einstufung trägt maßgeblich zu der Akzeptanz bei. Weiterhin wird das Grundlohnsystem zur gezielten Qualifizierung und Personalentwicklung genutzt.

- *Zielvereinbarungen*

Die Erfahrungen hinsichtlich der Zielvereinbarung sind in Abb. 6-10 zusammengefasst.

Ergänzend dazu ist die Situation in den indirekten Bereichen gesondert zu erwähnen. Hier stellt sich weiterhin das Problem, geeignete und von den Mitarbeitern zu beeinflussende Ziele zu definieren; dies ist noch nicht abschließend gelöst. Aus diesem Grund ist das System in diesen Bereichen noch nicht vollständig akzeptiert.

In den Fertigungsbereichen ist die Entwicklung von Zielvereinbarungen über einen Zeitraum von 18 Monaten beispielhaft in Abb. 6-11 dargestellt. Jede Kurve stellt eine Zielvereinbarung mit einer Gruppe dar. Die Sprünge markieren neue Vereinbarungen aufgrund von umgesetzten Verbesserungen in Technik, Organisation oder Leistung.

Zielvereinbarungen im Rahmen des OTTO FUCHS Erfolgsbeteiligungssystem

- Zielvereinbarungen werden gelebt.
- Die Art und Weise der Veränderung von Zielen ist auch von der Führung in den Bereichen abhängig.
- Die Veränderung von Zielen nach oben ist durch das Zusammenspiel mit der Erfolgsbeteiligungsprämie „leichter" möglich.
- Die Veränderung von Zielen nach „unten" muss ebenfalls durchgeführt werden (in der entsprechenden Situation).
- Die Mitarbeiter akzeptieren die Zielvereinbarungen und arbeiten konstruktiv an ihnen mit, wenn sie bei der Definition einbezogen wurden.
- Fortlaufende Information und Kommunikation ist lebenswichtig für das System.

Abb. 6-10: Erfahrungen mit Zielvereinbarungen

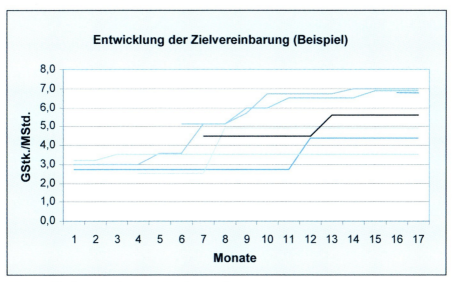

Abb. 6-11: Entwicklung von Zielvereinbarungen

Ergänzend dazu ist in Abb. 6-12 dargestellt, wie mit Hilfe von visualisierten Zielen ein Fertigungsbereich geführt wird.

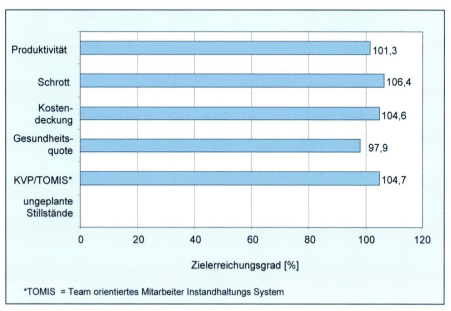

Abb. 6-12: Visualisierung von Zielen

Diese Darstellung, die zeitnah gepflegt wird, gibt jedem Mitarbeiter dieses Fertigungsbereiches eine Rückmeldung über den Stand der wichtigsten Kennzahlen und bietet somit die Möglichkeit, entsprechende Maßnahmen einzuleiten, falls die Zielerreichung gefährdet ist.

Abschließend lässt sich festhalten, dass das neue Entgeltsystem von allen Mitarbeitern gut angenommen wurde. Einen wesentlichen Beitrag dazu hat die schrittweise Umsetzung in Arbeitsgruppen für jeden Arbeitsbereich geleistet.

7 Erfolgsabhängige Leistungsprämie

von S. Dokter

7.1 Unternehmen

Branche:	Maschinen- und Anlagenbau
Produkte:	Formen, Werkzeuge und Zubehör
Fertigungsart:	Serienfertigung
Beschäftigte:	ca. 140
In die Entgeltlösung einbezogene Mitarbeiter:	Team von 8 Mitarbeitern aus Fertigung, Arbeitsvorbereitung, Personal und Controlling

7.2 Anlass/Ausgangssituation

Wachsender Kostendruck durch den internationalen Wettbewerb und die Notwendigkeit, auf veränderte Auftragslagen – ohne entsprechend ausgerichtete Organisationsstruktur – äußerst kurzfristig reagieren zu müssen, führten dazu, dass die Fertigungskosten gegenüber den Wettbewerbern um ca. 10 Prozent höher lagen. Ausschlaggebend für diese Entwicklung waren im Wesentlichen folgende Einzelfaktoren:

◆ Die Wertschöpfung des Unternehmens war trotz jährlicher Umsatzsteigerung seit Jahren rückläufig.

◆ Die Arbeitskosten – vor allem der Personalkostenanteil am Umsatz – waren deutlich zu hoch.

◆ Starre Arbeitszeiten verursachten in auslastungsschwachen Zeiten eine Unterbeschäftigung, in der z. B. Füllarbeiten erledigt wurden. Diese erbrachten keinen Beitrag zur Wertschöpfung. In Zeiten mit guter betrieblicher Auslastung führten die starren Arbeitszeiten zum Anstieg von bezahlter Mehrarbeit.

◆ Die Nachtschichtbesetzung war zu stark, sodass erhöhte Kostenbelastungen durch Nachtschichtzuschläge entstanden.

7.3 Ziel der neuen Entgeltlösung

Mit einem Bündel von Maßnahmen, in die auch die Einführung eines neuen Entgeltsystems eingebunden ist, strebt das Unternehmen eine rationellere und stärker kundenorientierte Produktion an. Bei den Überlegungen stand die Verbesserung der Wertschöpfung des Unternehmens im Mittelpunkt, auf die auch die erfolgsabhängige Leistungsprämie ausgerichtet ist. Mit den eingeleiteten Reorganisationsmaßnahmen und dem neuen Entgeltsystem werden im Einzelnen folgende Zielsetzungen verknüpft:

- Erhöhung der Wertschöpfung durch Reduzierung des Kooperationsanteils,
- Erhöhung der Fertigungstiefe,
- Senkung der Arbeitskosten im Fertigungsbereich,
- Flexibilisierung der Arbeitszeit durch verstärkte Selbststeuerung der Gruppen,
- Einführung bedienungsfreier bzw. bedienungsarmer Nachtschichten im Bereich CNC-Drehen und Erodieren.

7.4 Entgeltsystem

7.4.1 Vorgehen bei der Installierung und Anwendung der neuen Entgeltlösung

Die Umgestaltung der Arbeitsprozesse, die Flexibilisierung der Arbeitszeit sowie die Entwicklung und Einführung des neuen Entgeltsystems vollzog sich parallel in folgenden Schritten:

- Analyse der Situation in den Arbeitsbereichen und Abteilungen der Fertigung hinsichtlich der Nutzung von Betriebszeit und Arbeitszeit,
- Analyse der betrieblichen Ablauforganisation – vor allem an den Schnittstellen zwischen Arbeitsvorbereitung, Programmierung und Fertigung,
- Beratung der Ziele im Einführungsteam und mit den Arbeitsgruppen und Fixierung der Erprobungsziele,
- Erprobung des flexiblen Arbeitszeitsystems (Arbeitszeitkorridor zwischen 20 und 60 Stunden mit Ampelregelung und gleitendem Ausgleichszeitraum),
- Erprobung des neuen Entgeltsystems,
- Ausarbeitung und Abschluss der notwendigen Betriebsvereinbarungen nach erfolgter Erprobung.

7.4.2 Entgeltaufbau

Das neue Entgeltsystem setzt sich aus den Komponenten tariflicher Grundlohn, Leistungszulage und Erfolgsprämie zusammen (vgl. Abb. 7-1).

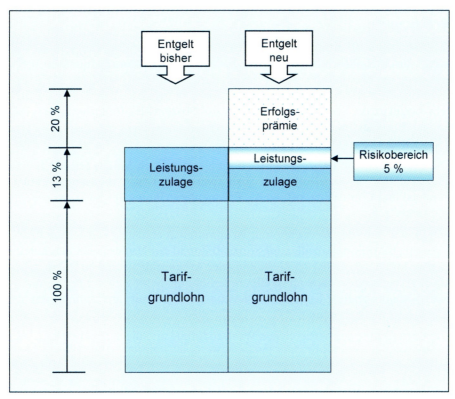

Abb. 7-1: Entgeltaufbau

■ *Grundentgelt*

Die Mitarbeiter werden aufgrund der ihnen übertragenen Arbeitsaufgabe entsprechend den Grundsätzen für die Eingruppierung in die Lohn- bzw. Gehaltsgruppe des geltenden Tarifvertrages eingestuft. Die Höhe des Grundentgelts richtet sich nach der jeweiligen Lohn- bzw. Gehaltsgruppe. Die Grundlohn- bzw. die Grundgehaltsstruktur (Eingruppierung) war von der Neuregelung des Entgelts nicht betroffen.

■ *Leistungszulage*

Die Ermittlung der individuellen Leistungszulage erfolgt auf der Grundlage des tariflichen Leistungsbeurteilungsverfahrens. Die Beurteilung erfolgt mindestens einmal jährlich durch den Vorgesetzten.

■ *Erfolgsprämie*

Die Erfolgsprämie ermöglicht es, bei Erhöhung des Wertschöpfungsanteils von bisher durchschnittlich 60 Prozent um bis zu 20 Prozent eine adäquate Entgelterhöhung um ebenfalls bis zu 20 Prozent, bezogen auf den jeweiligen Tariflohn, zu erreichen. Allerdings wurde ein Risikobereich vereinbart, in dem bei weiterem Absinken der Wertschöpfung um bis zu 5 Prozent eine Reduzierung des bisherigen Entgelts (innerhalb der bisherigen Leistungszulage) von ebenfalls bis zu 5 Prozent eintritt (vgl. Abb. 7-2).

Die Prämientabelle (Abb. 7-2) ist auf die gewerblichen Mitglieder des Teams ausgelegt. Für die Angestellten im Team (Mitarbeiter aus Arbeitsvorbereitung, Personal und Controlling) erfolgt die Prämienberechnung auf Basis des jeweiligen Grundgehalts.

Die Entwicklung der Wertschöpfung ist unmittelbar abhängig von der Schaffung bedienungsarmer bzw. bedienungsfreier Zeiten in der Nachtschicht durch neue Organisationsformen bei der Gestaltung der Arbeitsabläufe und im Rahmen flexibler Arbeitszeiten. Eine unmittelbare Erhöhung dieser Zeiten führt zum Abbau sonst notwendiger Kooperationsleistungen und damit zur Erhöhung der betrieblichen Wertschöpfung.

Die Entwicklung der betrieblichen Wertschöpfung und die daraus resultierende Erfolgsprämie ist in Form eines Diagramms dargestellt (vgl. Abb. 7-3).

Erfolgsabhängige Leistungsprämie

Anteil Eigen-leistung in %	Grundlohn in DM/Std.	Leistungs-zulage (13%) in DM/Std.	Leistungs-prämie in DM/Std.	Gesamt-lohn in DM/Std.
55	19,68	2,56	-0,98	21,26
56	19,68	2,56	-0,79	21,45
57	19,68	2,56	-0,59	21,65
58	19,68	2,56	-0,39	21,85
59	19,68	2,56	-0,20	22,04
60	19,68	2,56	--	22,24
61	19,68	2,56	0,20	22,44
62	19,68	2,56	0,39	22,63
63	19,68	2,56	0,59	22,83
64	19,68	2,56	0,79	23,03
65	19,68	2,56	0,98	23,22
66	19,68	2,56	1,18	23,42
67	19,68	2,56	1,38	23,62
68	19,68	2,56	1,57	23,81
69	19,68	2,56	1,77	24,01
70	19,68	2,56	1,97	24,21
71	19,68	2,56	2,16	24,40
72	19,68	2,56	2,36	24,60
73	19,68	2,56	2,56	24,80
74	19,68	2,56	2.76	25,00
75	19,68	2,56	2,95	25,19
76	19,68	2,56	3,15	25,39
77	19,68	2,56	3,35	25,59
78	19,68	2,56	3,54	25,78
79	19,68	2,56	3,74	25,98
80	19,68	2,56	3,94	26,18

Abb. 7-2: Prämientabelle

120   Erfolgsabhängige Leistungsprämie

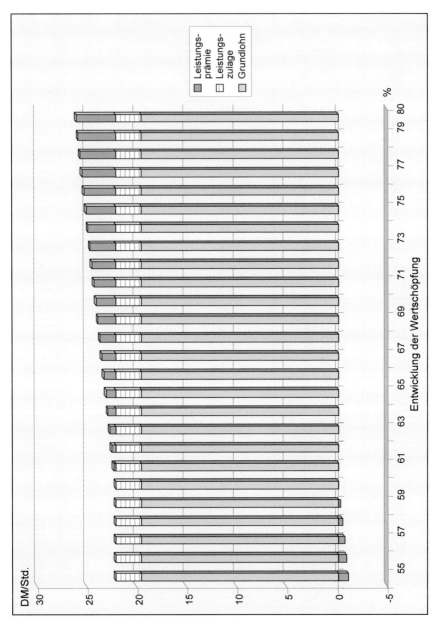

Abb. 7-3: Prämien-Diagramm

7.5 Fazit

Die konsequente Kundenorientierung des Unternehmens erfolgte in enger Abstimmung mit den organisatorischen Maßnahmen: Einführung von Gruppenarbeit, flexible Arbeitszeitgestaltung und erfolgsabhängige Leistungsprämie.

Durch diese Maßnahmen ist es weitgehend gelungen, die im Vergleich zu den Wettbewerbern hohen Fertigungskosten entscheidend zu reduzieren, den Wertschöpfungsanteil des Unternehmens zu erhöhen und die Standortsicherung zu verbessern.

8 Projektorientierte Zielvereinbarung mit erfolgsabhängigem Bonus

von R. Bernard

8.1 Unternehmen

Branche:	Metall- und Elektroindustrie
Produkte:	• Sondermaschinen für Transport und Fördertechnik • Montage- und Handlingsysteme • Test- und Abgleichsysteme • Leiterplatten-Trennsysteme • Formen- und Prototypenbau
Fertigungsart:	Einzel- und Serienfertigung
Beschäftigte:	150, davon 120 gewerbliche Mitarbeiter im Einschichtbetrieb
In das Bonussystem einbezogene Mitarbeiter:	alle Mitarbeiter des Unternehmens

8.2 Anlass/Ausgangssituation

Die IPE (*I*ntegrated *P*roduction *E*ngineering) GmbH ist ein aus dem Technologiebereich der Firma Grundig hervorgegangenes Unternehmen. Es bewegt sich in einem sehr dynamischen Marktsegment, in dem Hightech-Lösungen entwickelt, produziert und vertrieben werden. Aufgrund langjähriger Erfahrungen in der Prüf- und Automatisierungstechnologie ist die IPE Partner namhafter Unternehmen der Elektronikbranche.

Infolge des Konkurses der Rechtsvorgängerin waren vor der Neugründung des Unternehmens eine Reihe von Problemen zu lösen:

◆ Reduzierung der Belegschaft von 240 auf 120 Personen,

◆ Reduzierung der Löhne und Gehälter im Durchschnitt um 10 Prozent über die gesamte Bandbreite,

◆ Beibehaltung der 38,5 Stunden-Woche,

◆ Wegfall der bisherigen tariflichen Leistungszulage.

Gleichzeitig wurde die bisherige betriebliche Organisation durch den Abbau von zwei Hierarchieebenen neu strukturiert.

Durch entsprechende Vereinbarungen mit den Tarifpartnern konnte eine weitgehend sozialverträgliche Lösung herbeigeführt werden. Die Aufgabe des Unternehmens bestand nunmehr darin, ein modernes und zeitgemäßes Vergütungssystem zu entwickeln, das leistungsorientiert und erfolgsabhängig ist.

8.3 Zielvereinbarungsprozess

Es galt, dem Grundsatz zu folgen, Leistung und Erfolg anzuerkennen und zu belohnen. Neben dem fixen Teil des Entgelts musste als Leistungsanreiz ein variabler Anteil hinzukommen, der den Mitarbeitern eine Perspektive bietet, das Einkommen gemessen an der eigenen Leistung und dem Unternehmenserfolg entsprechend zu steigern. Was lag näher, als die Mitarbeiter an Zielen zu orientieren, für deren Erreichung eine Vergütung definiert wird.

Bei der Umstrukturierung wurden die Produktbereiche so organisiert, dass sie als Profitcenter zum Unternehmensergebnis positiv beitragen konnten. Da sich das Unternehmensgeschäft fast ausschließlich in Projekten abwickelt, lag es nahe, projektorientierte Ziele zu definieren und gemeinsam mit dem jeweiligen Projektteam zu vereinbaren. Das hierzu geführte Zielvereinbarungsgespräch ist somit ein Dialog zur Verabredung von Aufgaben, die den termingerechten Projektfortschritt sicherstellen. Ein laufender Soll/Ist-Vergleich soll dazu dienen, dass Abweichungen im Projektverlauf rechtzeitig erkannt werden, um mit den notwendigen Korrekturen die Einhaltung des Liefertermins zu gewährleisten.

Der Zielvereinbarungsprozess unterstützt eine kundenorientierte Projektabwicklung und führt letztendlich zu einem Höchstmaß an Kundenzufriedenheit, die auch ein Bestandteil der Bewertung ist. Im Einzelnen gilt folgender Zielvereinbarungsrahmen:

◆ Die Zielvereinbarungen werden für Projekte abgeschlossen, die in Übereinstimmung mit der Projektgruppe im Zielvereinbarungsgespräch ausgewählt wurden.

◆ Der Inhalt der Zielvereinbarungen bezieht sich auf das Erreichen der Projektziele innerhalb der jeweiligen Projektlaufzeit.

◆ Das Zielvereinbarungsgespräch orientiert sich an der Zielbeschreibung (vgl. Abb. 8-1) und an dem Projektbericht (vgl. Abb. 8-2).

♦ Vorgesetzte und Mitarbeiter bestätigen durch ihre Unterschriften die vereinbarten Ziele.

Zielbeschreibung

Bereich: **Stand:**

Projekt:
Kunde:
Auftrags.-Nr.:

Projektleiter:

Vorkalkulierte Herstellkosten:
Material:
Stunden:
Termin:

Zielsetzung:
1. Sicherstellung des End-Termins
2. Einhaltung bzw. Unterschreitung der Kosten
   a) Material
   b) Stunden

Bewertung:

Einhaltung der Ziele	zu 1.:	Termin eingehalten
	zu 2.:	Kosten unterschritten
		Kosten eingehalten
		Kosten überschritten

Geschäftsleitung Projektleitung

Abb. 8-1: Zielbeschreibung

Projektorientierte Zielvereinbarung mit erfolgsabhängigem Bonus

Projektbericht
Bereich:
Auftrags-Nr.:
Auftr.-Wert (DM):
Kunde:

Zielbeschreibung
Projekt:
Material:
Stunden:

Projektleiter:
Start-Termin:
Liefertermin:

Zeit	Plan	\multicolumn{3}{c|}{Material}			Zeit	Plan	\multicolumn{3}{c|}{Stunden}		
		\multicolumn{3}{c|}{Kalkulation}		IST			\multicolumn{3}{c|}{Kalkulation}		IST
KW	Auftrag	1. Schätz.	Zielsetzg.	Aktuell		KW	Auftrag	1. Schätz.	Zielsetzg.	Aktuell	
1						1					
2						2					
3						3					
4						4					
5						5					
6						6					
7						7					
8						8					
9						9					
10						10					
11						11					
12						12					
13						13					
14						14					
15						15					
Σ						Σ					

Abb. 8-2: Projektbericht

8.4 Aufbau der Zielvereinbarung und Ermittlung des Bonus

Die seit Gründung des Unternehmens laufenden Veränderungsprozesse haben sich wesentlich auf das Verhalten der Mitarbeiter ausgewirkt und zu Verbesserungen im Teamverhalten und in der Kundenorientierung geführt. Schon frühzeitig werden die Voraussetzungen für einen ergebnisorientierten Bonus wie folgt definiert:

- Die Zielvorgaben sind projektbezogen und erstrecken sich auf abzuwickelnde Projekte mit einer entsprechenden Größenordnung.
- Eine zeitgerechte und kostengünstige Projektabwicklung ist Voraussetzung für die Bonusbemessung.
- Der realisierte Projektumsatz pro Gruppe ist Bemessungsgrundlage für den Bonus.
- Der Gruppenerfolg ist sichtbar und kann Anlass für entsprechende Anerkennungsmaßnahmen sein.
- Die erzielten Boni aller Gruppen fließen in einen Topf und werden an alle Mitarbeiter gleichmäßig verteilt.

Auswirkungen:

- Ein am Ergebnis orientierter Bonus schafft Anreize, die projektbezogenen Ziele mit dem gewünschten Erfolg zu erreichen.
- Die bekannt gemachten Erfolge zeigen der Belegschaft, welche Projektgruppen zum Ergebnis beigetragen haben.
- Diese Transparenz gibt Anlass zu Diskussionen in den Produktbereichen, die wiederum im positiven Sinn Kräfte freisetzen wird. Die gewonnenen Erfahrungen werden genutzt, damit Projekte weiterhin termin- und kostenbewusst abgewickelt werden.
- Erfolg und Anerkennung tragen dazu bei, den Teambildungsprozess zu fördern (Teamwork, Teamgeist).

8.5 Zieldefinition, Bewertungskriterien und Bonus

Das Projektziel gilt als erreicht, wenn die Hauptziele

a) Einhaltung des Liefertermins,
b) Einhaltung der kalkulierten Kosten,

- bezogen auf Stunden,
- bezogen auf Material,

zu 100 Prozent erreicht sind.

zu a): Liefertermine, die aufgrund zusätzlicher Kundenwünsche oder durch Kundenverschulden nicht eingehalten werden können, führen zu keiner negativen Bewertung der Termineinhaltung.

zu b): Bei begründeten Abweichungen, wie z.B. nicht beeinflussbare Störungen, kann das Ziel mit einem entsprechenden Anteil als erreicht gelten, wenn der Kunde trotzdem zufrieden gestellt wurde.

Die Bewertung der Hauptziele erfolgt zu:

a) „Einhaltung des Liefertermins" mit 50 %
b) „Einhaltung kalkulierte Kosten" mit 50 %
- davon für Stunden = 25 %
- für Material = 25 %

Grundregeln:

❏ *Zielerreichung: Liefertermine*

- Termin eingehalten bzw. unterschritten   Bonus-Anteil 50 %
- Termin überschritten
  ▸ Kunde unzufrieden   Bonus-Anteil 0 %

  Ausnahme:

  ▸ nicht beeinflussbare Störungen,
  Kunde trotzdem zufrieden gestellt   Bonus-Anteil 50 %

❏ *Zielerreichung: Kalkulierte Kosten*

zu den Stunden:

- kalkulierte Kosten eingehalten bzw. unterschritten Bonus-Anteil 25 %
- kalkulierte Kosten überschritten Bonus-Anteil 0 %

zum Material

- kalkulierte Kosten eingehalten bzw. unterschritten Bonus-Anteil 25 %
- kalkulierte Kosten überschritten Bonus-Anteil 0 %

❏ *Bei Nichterreichen von zwei Zielen wird der Bonus nicht gewährt.*

Für die Ermittlung des Bonus wird der Umsatzwert aller erfolgreich abgewickelten Projekte einer Periode (z. B. Zeitraum 01.07. bis 31.03.) herangezogen (vgl. Abb. 8-3). Die Höhe der Ausschüttung (Bonus) beträgt 1 Prozent des Umsatzwertes. Die Bewertung und Auszahlung des Bonus erfolgt in der Regel ½-jährlich.

Nachfolgend wird anhand der in Abb. 8-3 für die Projekte 1–3 ausgewiesenen Boni deren Ermittlung verdeutlicht.

❑ *Beispiel 1: Projekt Nr. 3*

Alle *drei Ziele* (Termineinhaltung, kalkulierte Stunden, Kosten Material) *eingehalten bzw. unterschritten* ⇨ *Bonus 100 %*. Die Soll-Kosten von 678.163,00 DM gehen voll in die Basis der Bonusbestimmung ein, d.h. der Bonus beträgt 6.781,63 DM (ein Prozent des Umsatzwertes).

❑ *Beispiel 2: Projekt Nr. 2*

Ziel „Termineinhaltung" *eingehalten bzw. unterschritten* ⇨ *Bonus-Anteil 50 %*.

Ziel „kalkulierte Kosten Material" *eingehalten bzw. unterschritten* (Plan 55.000,00 DM, Ist 41.082,00 DM) ⇨ *Bonus-Anteil 25 %*.

Ziel „kalkulierte Stunden" (Plan 280 Std., Ist 345 Std.) *nicht eingehalten* ⇨ *Bonus-Anteil 0 %*.

Gesamt-Bonus 75 %. Von den Soll-Kosten 93.100,00 DM gehen 75 % = 69.825,00 DM in die Basis der Bonusbestimmung ein, d. h. der Bonus beträgt 6.982,50 DM (ein Prozent des reduzierten Umsatzwertes).

❑ *Beispiel 3: Projekt Nr. 1*

Ziel „Termineinhaltung" *eingehalten bzw. unterschritten* ⇨ *Bonus-Anteil 50 %*.

Ziel „kalkulierte Stunden" (Plan 1.338 Std. – Ist 1.198 Std.) *eingehalten bzw. unterschritten* ⇨ *Bonus-Anteil 25 %*.

Ziel „kalkulierte Kosten Material" (Plan 45.320,00 DM – Ist 56.085,00 DM) *nicht eingehalten* ⇨ *Bonus-Anteil 0 %*.

Gesamt-Bonus 75 %. Von den Soll-Kosten 250.080,00 DM gehen 75 % = 187.560,00 DM in die Basis der Bonusbestimmung ein, d. h. der Bonus beträgt 1.875,60 DM (ein Prozent des reduzierten Umsatzwertes).

Projektorientierte Zielvereinbarung mit erfolgsabhängigem Bonus

Zielvereinbarungsperiode 01.07. ... bis 31.03. ...

Projekt-Nr.	Soll-Kosten	Ist-Kosten	Abweichung	%	Liefer-termin	Bonus %	Bonus-basis	Bonus DM
1	250.080	186.530	63.550	25,4	o.k.	75	187.560	1.875,60
2	93.100	82.526	10.574	11,4	o.k.	75	69.825	698,25
3	678.163	620.228	57.935	8,5	o.k.	100	678.163	6.781,63
4	42.809	42.809	0	0,0	o.k.	100	42.809	428,09
5	320.000	361.892	-41.892	-13,1	o.k.	75	240.000	2.400,00
6	100.000	86.668	13.332	13,3	o.k.	75	75.000	750,00
7	500.000	525.621	-25.621	-5,1	o.k.	75	375.000	3.750,00
8	297.510	301.330	-3.820	-1,3	o.k.	75	223.133	2.231,33
Σ	2.281.662	2.207.604	74.058	3,2			1.891.490	18.914,90

Soll/Ist-Vergleich

Nr.	Material				Stunden			
	Plan	Ist	Abweichung	%	Plan	Ist	Abweichung	%
1	45.320	56.085	10.765	23,8	1.338	1.198	-140	-10,5
2	55.000	41.082	-13.918	-25,3	280	345	65	23,2
3	180.000	162.978	-17.022	-9,5	3.985	3.658	-327	-8,2
4	1.934	1.934	0	0,0	327	327	0	0,0
5	121.962	71.357	-50.605	-41,5	1.870	2.420	550	29,4
6	18.700	8.634	-10.066	-53,8	641	650	9	1,4
7	208.654	112.270	-96.384	-46,2	2735	3.444	709	25,9
8	179.350	73.685	-105.665	-58,9	850	1.897	1.047	123,2
Σ	810.920	528.025	-282.895	-34,9	12.026	13.939	1.913	15,9

Abb. 8-3: Übersicht abgeschlossener Zielprojekte

8.6 Fazit

Die Grundbedingungen der erfolgsorientierten variablen Vergütung sind:
- Das Unternehmen erwirtschaftet ein positives Ergebnis.
- Die Mitarbeiter werden an diesem Erfolg beteiligt.

Die Erfolgsorientierung der Mitarbeiter setzt voraus:
- Das Unternehmen gibt Ziele vor.
- Aus den Unternehmenszielen ergeben sich Bereichs-, Team-, Projekt- und Individualziele.
- Gemeinsame Erarbeitung der Ziele.
- Anwendung kooperativer Zielvereinbarung.

Über die Zielvereinbarung und die Erreichung der Ziele tragen die Mitarbeiter zum Unternehmenserfolg bei. Ein Teil des Unternehmensergebnisses fließt an die Mitarbeiter als Bonus zurück. Dieser Anteil bemisst sich nach dem Zielerreichungsgrad, der über Bewertungskriterien ermittelt wird.

Der Zielvereinbarungsprozess hat eine Entwicklung zum unternehmensorientierten Mitarbeiter bewirkt, sozusagen zum „Unternehmer im Unternehmen".

9 Kombinierte Erfolgsprämie
– Qualitätskosten und Produktivität

von S. Dokter

9.1 Unternehmen

Branche:	Automobilzulieferer
Produkte:	Press- und Fügeteile aus Stahlblech, PKW-Karosserieteile, wie z. B. komplette Bodengruppen
Fertigungsart:	Serienfertigung
Beschäftigte:	245
In die Lösung einbezogene Mitarbeiter:	3 Arbeitsgruppen von je 18 Mitarbeitern aus Fertigung, Arbeitsvorbereitung, Werkzeugbau, Instandhaltung und Logistik

9.2 Anlass/Ausgangssituation

Mit der bisherigen funktionsorientierten Organisationsstruktur wurde es für das Unternehmen (Automobilzulieferer) zunehmend schwieriger, umgehend auf veränderte Bedingungen des Marktes (Kundenwünsche) reagieren zu können. Des Weiteren bot das bestehende Entgeltsystem (Zeitlohn mit Leistungszulage – ohne Leistungsbeurteilung) keine Anreize mehr zur Verbesserung der Produktivität. Diese Situation war für das Unternehmen der Anlass, die klassisch funktionale Struktur durch eine prozess- und produktorientierte Organisationsstruktur – u. a. durch Einführung von Gruppenarbeit – sowie durch eine flexiblere, den veränderten Strukturen angepasste Entgeltgestaltung zu ersetzen.

Im Zuge dieser Neustrukturierung wurden periphere Bereiche wie Werkzeugbau, Logistik und Instandhaltung in die Gruppen integriert und der Übergang zu einem kontinuierlichen 3-Schichtsystem eingeleitet. Damit waren erstmals auch Angestellte in Gruppen des Fertigungsbereiches einbezogen, was bei der Entwicklung des neuen Entgeltsystems zu beachten war.

9.3 Ziel der neuen Entgeltlösung

Das Ziel der neuen Entgeltgestaltung ist es, einen Anreiz zu schaffen für eine hohe Produktivität und die Senkung der Qualitätskosten. Dabei bringt das harmonische Zusammenspiel verschiedener Funktionen erst den Erfolg. Durch Erweiterung der bisherigen Aufgaben (Integration indirekter Bereiche) sind nicht nur die Stückleistungen zu betrachten, sondern auch Ziele wie

- Reduzierung der Einrichtezeiten und Werkzeugwechselzeiten,
- Erhöhung der Flexibilität der Betriebssysteme,
- Reduzierung der Ausfallzeiten und Erhöhung der Nutzungsdauer der Pressen und Schweißroboter,
- Sicherung der Qualitätsanforderungen der Automobilhersteller

sowie andere Faktoren, die das Arbeitsergebnis beeinflussen.

9.4 Entgeltsystem

9.4.1 Vorgehen bei der Installierung und Anwendung der neuen Entgeltlösung

Für die Umsetzungsphase war es notwendig, nach Schritten vorzugehen, die gewährleisten, dass die erforderlichen Voraussetzungen für eine erfolgreiche Einführung des neuen Entgeltsystems gegeben sind. Dabei hat sich folgende Vorgehensweise als praktikabel erwiesen:

- Analyse der Situation in den Arbeitsbereichen und Abteilungen der Fertigung hinsichtlich Nutzung der Betriebsmittel,
- Analyse der betrieblichen Ablauforganisation – vor allem an den Schnittstellen zwischen Arbeitsvorbereitung, Werkzeugbau, Logistik, Instandhaltung und Fertigung,
- Beratung der Ziele in den Einführungsteams und mit den Arbeitsgruppen und Fixierung der Erprobungsziele,
- Einführung der Gruppenarbeit nach Schulung von Gruppen und Gruppensprechern,
- Erprobung der Gruppenarbeit,
- Erprobung des neuen Entgeltsystems,

Kombinierte Erfolgsprämie – Qualitätskosten und Produktivität

◆ Ausarbeitung und Abschluss der notwendigen Betriebsvereinbarungen nach erfolgreicher Erprobung.

Da im vorliegenden Taschenbuch die Fragen der Gestaltung und des Aufbaus von Entgeltsystemen im Mittelpunkt stehen, wird an dieser Stelle nicht weiter auf die Grundlagen, Voraussetzungen und den Einführungsprozess der Gruppenarbeit eingegangen.

9.4.2 Entgeltaufbau

Das neue Entgeltsystem, das die bisherige Entgeltregelung „Zeitlohn mit Leistungszulage" ablöst, setzt sich aus den Komponenten „tariflicher Grundlohn" und „kombinierte Erfolgsprämie" mit den Bezugsmerkmalen „Qualitätskosten" und „Produktivität (Nutzungsgrad)" zusammen (vgl. Abb. 9-1).

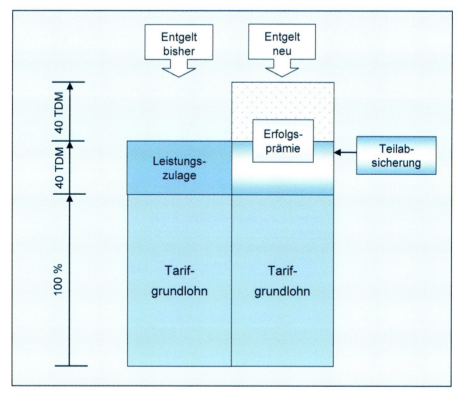

Abb. 9-1: Entgeltaufbau

134 Kombinierte Erfolgsprämie – Qualitätskosten und Produktivität

■ *Grundentgelt*

Die Mitarbeiter werden aufgrund der ihnen übertragenen Arbeitsaufgabe entsprechend den Grundsätzen für die Eingruppierung in die Lohn- bzw. Gehaltsgruppe des geltenden Tarifvertrages eingestuft. Die Höhe des Grundentgelts richtet sich nach der jeweiligen Lohn- bzw. Gehaltsgruppe. Die Grundlohn- bzw. die Grundgehaltsstruktur (Eingruppierung) war von der Neuregelung des Entgelts nicht betroffen.

■ *Kombinierte Erfolgsprämie*

Die kombinierte Erfolgsprämie sichert, dass nur bei Nutzung der Gruppenpotentiale und im Gleichklang von Qualität der Erzeugnisse und effektiver Nutzung der Maschinen und Anlagen eine zusätzliche Prämie erarbeitet werden kann. Allerdings war es erforderlich, eine Teilabsicherung der bisherigen Leistungszulage zu vereinbaren, da sonst keine Akzeptanz von Mitarbeitern bzw. Betriebsrat hinsichtlich einer Prämienregelung zu erreichen war.

Der Prämienaufbau erfolgt in Form einer Leitertafel mit den Bezugsmerkmalen „Qualitätskosten" und „Produktivität (Nutzungsgrad)" (vgl. Abb. 9-2). Die mit aufgeführten Leitern „Kosten der Überstunden" und „erreichte Umsatzgrößen im Monat" dienen hingegen nur zur Information der Gruppen und haben keinen unmittelbaren Einfluss auf die Prämienhöhe.

Die monatlichen Kennzahlen der Qualitätskosten und der Produktivität (Maschinen- und Anlagennutzung) sind Basis für die Ermittlung der Prämie. Die von der Leistung aller Gruppenmitglieder abhängige Prämie wird – in Abhängigkeit von der jeweiligen Anwesenheitszeit des einzelnen Mitarbeiters – zu gleichen Teilen auf die Gruppenmitglieder verteilt. Bedingt durch unterschiedliche Anwesenheitszeiten der Mitarbeiter im Abrechnungszeitraum, errechnet sich der individuelle Anteil an der Gruppenprämie wie folgt:

$$\frac{\text{Gesamt-Prämie/Monat}}{\text{Anwesenheitszeit aller Gruppenmitglieder/Monat}} \times \frac{\text{Anwesenheitszeit des Mitarbeiters (A, B, ...)}}{\text{im Monat}} = \underline{\text{Prämie in DM/Mitarbeiter (A, B, ...}}$$

■ *Bezugsmerkmal „Qualitätskosten"*

Das Bezugsmerkmal „Qualitätskosten" als Bestandteil der kombinierten Erfolgsprämie ist im Wesentlichen auf die Reduzierung der Kosten für Ausschuss, Nacharbeit und Reklamationen ausgelegt. Die Prämienausgangsbasis wurde, ausgehend von betrieblichen Erfahrungswerten, bei 25 TDM/Monat festge-

Kombinierte Erfolgsprämie – Qualitätskosten und Produktivität

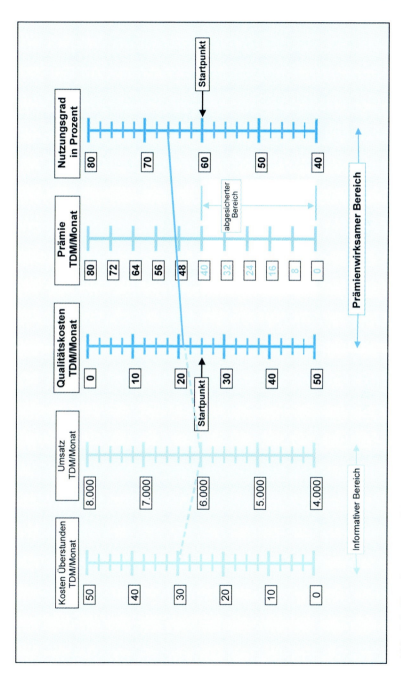

Abb. 9-2: Kombinierte Erfolgsprämie

schrieben. Die Darstellung der Prämienentwicklung bei sinkenden bzw. steigenden Qualitätskosten in Form eines Diagramms zeigt Abb. 9-3.

■ *Bezugsmerkmal „Produktivität (Nutzungsgrad)"*

Das Bezugsmerkmal „Produktivität" – als Bestandteil der kombinierten Erfolgsprämie – ist auf die optimale Nutzung der Maschinen und Anlagen ausgelegt. Die Leistungskennzahl ist der Nutzungsgrad als Ausdruck für die auf die Bezugszeit bezogene Summe der Nutzungszeiten. Die Prämienausgangsbasis wurde aufgrund betrieblicher Daten bei einem Nutzungsgrad von 60 Prozent festgelegt. Eine Darstellung der Prämienentwicklung bei steigender bzw. sinkender Produktivität in Form eines Diagramms zeigt Abb. 9-4.

Kombinierte Erfolgsprämie – Qualitätskosten und Produktivität 137

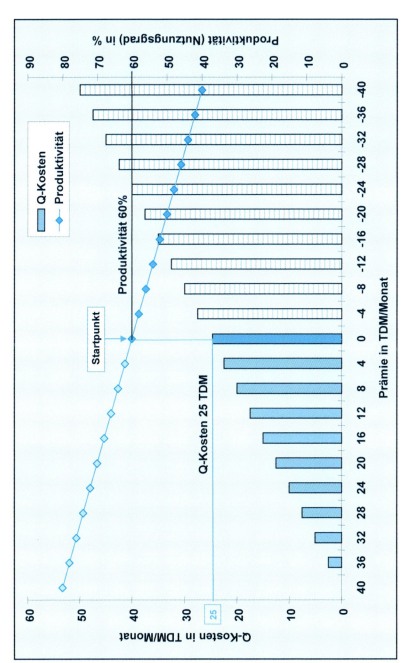

Abb. 9-3: *Kombinierte Erfolgsprämie – Bezugsmerkmal „Qualitätskosten"*

138 Kombinierte Erfolgsprämie – Qualitätskosten und Produktivität

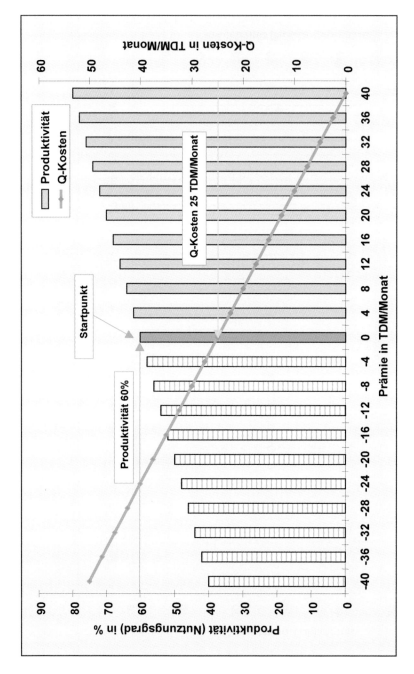

Abb. 9-4: Kombinierte Erfolgsprämie – Bezugsmerkmal „Produktivität" (Maschinen- und Anlagennutzung)

Für die Angestellten im Team (Mitarbeiter aus Arbeitsvorbereitung und Logistik) erfolgt die Prämienberechnung auf Basis des jeweiligen Grundgehalts.

9.5 Erfahrungen

Mit der Einführung dieser kombinierten Erfolgsprämie, in der eine Reduzierung der Kosten und eine Verbesserung der Maschinen- und Anlagennutzung ineinander greifen, wurde eine deutliche Steigerung der Produktivität erreicht.

Ein zusätzlicher Impuls zur Verbesserung der Wirtschaftlichkeit wurde mit der Einführung der Gruppenarbeit unter Einbeziehung indirekter Bereiche und der Übertragung entsprechender Handlungs- und Entscheidungsspielräume gegeben.

10 Projekterfolgsprämie

von H. Brüning und S. Dokter

10.1 Unternehmen

Branche:	Metallindustrie
Produkte:	Werkzeuge für Pressen
Fertigungsart:	Einzelfertigung
Beschäftigte:	ca. 300
In die Entgeltlösung einbezogene Mitarbeiter:	50 Angestellte der Konstruktion, der Arbeitsvorbereitung, der Fertigung, des Vertriebs

10.2 Anlass/Ausgangssituation

Im stark umkämpften Markt der Werkzeughersteller ist die Einhaltung der vom Kunden geforderten technischen und wirtschaftlichen Parameter, der Qualitätsstandards sowie der Liefertermine für die Produkte entscheidend für die Auftragsvergabe. Auf Grund der häufig vergleichbaren technischen Voraussetzungen der Wettbewerber erhält das Know-how der Mitarbeiter eine ausschlaggebende Bedeutung für die Sicherung von Wettbewerbsvorteilen. Das Wissen und Können der Konstrukteure, der Arbeitsvorbereiter, der Führungskräfte in der Fertigung sowie der Vertriebsmitarbeiter wird auf Dauer nicht per Weisung, sondern nur durch bewusstes Engagement verfügbar. Neben der Übertragung anspruchsvoller und die Kreativität herausfordernder Arbeitsaufgaben sollte das unternehmerische Denken und Handeln in den Unternehmensbereichen durch das Führen über Kennzahlen entwickelt werden. Als zentrale Steuergröße fungieren die im Zuge der Zielkostenrechnung (Target Costing) bestimmten Herstellkosten für die einzelnen Pressenwerkzeuge. Durch den Vertrieb wird ermittelt, was der Kunde bereit ist, für das Produkt zu zahlen. Damit liegt der Preis (Target Price) fest. Die strategische Planung geht von einer notwendigen Gewinnmarge aus. Aus diesen beiden Größen lassen sich über die Beziehung

$$\text{Target Price} - \text{Target Profit} = \text{Target Costs}$$

die vom Markt erlaubten Kosten (Target Costs) ermitteln. Mit den Zielkosten liegt die Obergrenze für die Summe aller anfallenden Kosten, z. B. die Entwicklungskosten, die Verwaltungs- und Vertriebskosten sowie die Materialkosten, die direkten Fertigungskosten und die Fertigungsgemeinkosten fest. Die am Markt für Pressenwerkzeuge realisierbaren Preise erfordern die gesamten Aufwände für die Auftragsbearbeitung zu optimieren. Deshalb besteht die Notwendigkeit, in allen Bereichen und bei jedem Auftrag die Kosten zu senken, besonders dann, wenn sie geringen Kundennutzen haben.

Als weiterer Schritt wurden Teamstrukturen und eine Projektorganisation eingeführt. Aufträge, bei denen zur Sicherung der von dem Kunden geforderten technischen Parameter, Preise, Qualitätsanforderungen sowie der Liefertermine Änderungen in der Konstruktion, den Fertigungsabläufen, den Zukaufteilen etc. notwendig sind, gelten als ein Projekt. Durch das große Änderungsvolumen in Folge der Kundenwünsche, die immer kürzer werdenden Lieferfristen und den sich daraus ergebenden hohen Steuerungsaufwand in der Fertigung werden immer mehr Aufträge zu einem eigenständigen Projekt.

Aus dem unregelmäßigen Auftragseingang und den unterschiedlichen Aufgabenstellungen bei der Auftragsabwicklung ergibt sich eine ständig wechselnde Zusammensetzung der an den einzelnen Projekten beteiligten Mitarbeiter. Die Bildung jeweils gesonderter Projektteams wurde erwogen, aber als nicht realisierbar eingeschätzt, da die Vertreter der einzelnen Fachdisziplinen häufig fast parallel an mehreren Projekten mitwirken. Zweckmäßiger erschien die Zusammenfassung innerhalb der Fachbereiche zu einzelnen Teams, die aber gemeinsam die Verantwortung für die fachlich, terminlich und kostenmäßig optimale Bearbeitung der einzelnen Projektschritte haben.

Um zu erreichen, dass die Zielkosten für das gesamte Projekt erreicht werden, erfolgt eine Aufschlüsselung der (Ziel-)Herstellkosten für die Pressenwerkzeuge auf die beteiligten Teams. Dies geschieht über Zielvereinbarungen zwischen der Geschäftsführung und den einzelnen Teams. Als Anhaltspunkte für die Vereinbarung dienen Erfahrungswerte des Unternehmens mit vergleichbaren Projekten.

10.3 Ziel der neuen Entgeltlösung

Für die von der Projektarbeit betroffenen Mitarbeiter kam in der Vergangenheit Gehalt mit Leistungszulage zur Anwendung, wobei die Höhe der Zulage mittels der tariflichen Leistungsbeurteilung bestimmt wurde. Im Unternehmen entstand die Überzeugung, dass mit der individuellen tariflichen Leistungsbeurteilung und der darauf aufbauenden Leistungszulage allein kein ausreichender

Anreiz für dauerhaft erfolgreiche Projektarbeit in den Teams geschaffen werden kann. Es wurde deshalb ein neues Entgeltsystem konzipiert, ausgestaltet und eingeführt. An die Entgeltlösung wurden folgende Anforderungen gestellt:

- der Projekterfolg soll für die Teams im Entgelt spürbar werden,
- das Erfolgskriterium soll die Gewährleistung der Zielkosten des Target Costing sein,
- die Teams sollen einen Anreiz erhalten, den Aufwand für die Projekte ständig zu senken,
- das Entgeltsystem soll die Teams und den Einzelnen auf die Reduzierung der Ausfallzeiten und Mehrarbeitsstunden orientieren,
- die zeitliche Flexibilität soll honoriert werden und
- der Leistungsbeitrag des Einzelnen zum Projekterfolg soll entgeltwirksam sein.

10.4 Entgeltsystem

10.4.1 Vorgehen bei der Einführung des Entgeltsystems

Die Entwicklung des neuen Entgeltsystems verlief parallel zur Veränderung der Arbeitsorganisation, der Abläufe, der Kostenstellenstruktur usw.. Ausgehend von der unter Einbeziehung der Bereiche durchgeführten Analysen der Kostensituation in den Arbeitsbereichen und Abteilungen sowie der Analyse der betrieblichen Ablauforganisation – vor allem an den Schnittstellen zwischen Auftragseingang, Arbeitsvorbereitung und Fertigung – führte das Unternehmen Teamstrukturen in den Angestelltenbereichen sowie Projektarbeit ein. Die Teams sind aus den oben genannten Gründen nach den betrieblichen Funktionen strukturiert. Für alle Teams ermittelte das Controlling – in Abstimmung mit den betreffenden Mitarbeitern – Kostenverrechnungssätze, die im Sinne von Prozesskosten alle anfallenden finanziellen Aufwände bei der Bearbeitung des jeweiligen Projektabschnittes beinhalten.

Bezüglich des Entgeltsystems wurden die Ziele mit den Teams erörtert und die Möglichkeiten für die Einflussnahme auf die Senkung der Kosten in den einzelnen Projektstufen gemeinsam beraten. Nach der rechnerischen Erprobung des neuen Entgeltsystems anhand von Vergangenheitsdaten und einem erfolgreichen vierteljährigen Probelauf wurde die Betriebsvereinbarung erarbeitet und abgeschlossen.

10.4.2 Entgeltaufbau

In den Angestelltenteams wurde zum tariflichen Gehalt mit Leistungszulage eine Projekterfolgsprämie eingeführt. Daraus ergibt sich der in Abb. 10-1 dargestellte Entgeltaufbau.

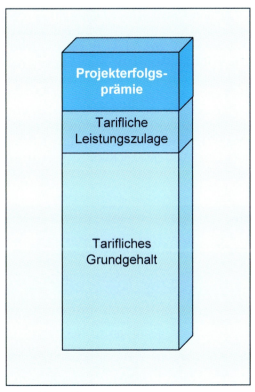

Abb. 10-1: Entgeltaufbau

Eine Reihe Tarifverträge lässt es bei entsprechender Interessenlage der Unternehmen zu, die Projekterfolgsprämie anstelle der tariflichen Leistungszulage anzuwenden. Im vorliegenden Fall bestand die Absicht, mit der Leistungszulage den Beitrag des Einzelnen zum Projekterfolg sowie sein Leistungsergebnis und –verhalten bei der Erfüllung der übertragenen Arbeitsaufgabe insgesamt zu bewerten. Gegenwärtig wird für die Leistungsbeurteilung das tarifliche Verfahren angewendet. Es besteht jedoch die Absicht, auch hier ein eigenes betriebliches Verfahren zu entwickeln, das den Erfordernissen der Team- und Projektarbeit besser entspricht.

■ *Projekterfolg*

Für das Unternehmen von Interesse ist das Erreichen der von den Kunden geforderten Zielpreise für die Pressenwerkzeuge bei Sicherung eines angemessenen Gewinns. Als Erfolg für die Projekte gilt deshalb die Unterschreitung der auf die einzelnen Teams aufgeschlüsselten Zielkosten. Die Aufschlüsselung erfolgt anhand der Kalkulationsdaten vergleichbarer Pressenwerkzeuge, die in der Vergangenheit bearbeitet wurden. Entsprechend dem damaligen Anteil am Gesamtaufwand (Arbeitszeit des Teams für die Bearbeitung ihres Projektabschnittes multipliziert mit dem für das Team festgelegten Kostenverrechnungssatz, der alle anfallenden finanziellen Aufwände beinhaltet), werden die Zielkosten des Teams für das neue Werkzeug ermittelt. Bei gegenüber dem Vergleichswerkzeug niedrigeren Zielpreisen werden die anteiligen Zielkosten des Teams proportional zu ihrem Anteil am Gesamtaufwand reduziert. Daraus ergeben sich die durch die einzelnen Teams für jedes Projekt zu erreichenden Zielstellungen (vgl. Abb. 10-2), die sichern, dass die vom Kunden geforderten Preise zumindest erreicht werden.

Team	Zielkosten Pressenwerkzeug A DM	Zielkosten Pressenwerkzeug B DM	Zielkosten Pressenwerkzeug C DM	Zielkosten Pressenwerkzeug D DM	Zielkosten Pressenwerkzeug E DM	Summe Zielkosten für die Teams im Projektmix DM
Zukauf	2.000	7.500	10.000	6.000	8.300	33.800
Team 1	500	600	1.200	2.500	1.300	6.100
Team 2	7.000	9.000	2.200	3.000	4.000	25.200
Team 3	2.100	1.200	1.200	1.400	3.000	8.900
Team 4	3.400	2.000	5.000	6.000	1.000	17.400
Wert-HK	15.000	20.300	19.600	18.900	17.600	91.400

Abb. 10-2: Zielkosten für die Projekte, aufgeschlüsselt auf die Teams

Da die Zielstellungen für die einzelnen Projekte von den Teams unterschiedlich schwer zu erreichen sind, wird für die Feststellung des Erfolges der Mix aus allen Projekten gebildet, die im Laufe eines Halbjahres bearbeitet werden.

Der für die einzelnen Projekte erreichte Erfolg wird durch Vergleich der Projektnachkalkulation mit der Angebots- bzw. Auftragskalkulation ermittelt. Für die Projektnachkalkulation werden die Kostenverrechnungssätze der einzelnen Teams mit der gebrauchten Zeit multipliziert und daraus die tatsächlich aufgewendeten Projektkosten ermittelt (vgl. Abb. 10-3).

Team	IST-Kosten Pressenwerkzeug A DM	IST-Kosten Pressenwerkzeug B DM	IST-Kosten Pressenwerkzeug C DM	IST-Kosten Pressenwerkzeug D DM	IST-Kosten Pressenwerkzeug E DM	Summe IST-Kosten der Teams im Projektmix DM
Zukauf	1.740	7.000	11.000	5.500	8.000	33.240
Team 1	450	430	1.200	2.200	1.100	5.380
Team 2	5.200	1.650	2.100	2.300	3.300	14.550
Team 3	2.200	1.200	1.200	1.200	2.800	8.600
Team 4	3.300	1.800	4.100	4.820	1.100	15.120
Wert-HK	12.890	12.080	19.600	16.020	16.300	76.890

Abb. 10-3: Ergebnisse der Projektnachkalkulation

Aus dem Vergleich der Gesamtzielstellung aller Projekte zu den tatsächlich aufgetretenen Kosten im Projektmix ergibt sich der im Halbjahr erreichte Projekterfolg (vgl. Abb. 10-4).

1	Zielkosten im Projektmix	IST-Kosten im Projektmix	Differenz Zielkosten - IST-Kosten (Spalte 2 ./. Spalte 3).	Anteil an der Einsparung (Spalte 4 / Summe Spalte 4 [ohne Zukauf]* 100)	Projekterfolgsprämien d. Teams (Spalte 5 * Summe Spalte 4 [ohne Zukauf] /100*25%)
	DM	DM	DM	%	DM
	2	3	4	5	6
Zukauf	33.800	33.240	560		
Team 1	6.100	5.380	720	5,16	180,00
Team 2	25.200	14.550	10.650	76,34	2.662,50
Team 3	8.900	8.600	300	2,15	75,00
Team 4	17.400	15.120	2.280	16,34	570,00
Wert-HK	91.400	76.890	14.510		
	ohne Zukauf		13.950	100,00	3.487,50

Abb. 10-4: *Projekterfolg und Projekterfolgsprämie der Teams*

■ *Projekterfolgsprämie*

25 Prozent der im Projektmix erreichten Einsparungen der Ist-Kosten gegenüber den Zielkosten werden an die Teams als Prämie ausgeschüttet. Die Prämie für das einzelne Team wird anhand des prozentualen Anteils der erreichten Einsparung der Ist-Kosten des Teams gegenüber den aufgeschlüsselten Zielkosten des Teams an der Gesamteinsparung ermittelt (vgl. Abb. 10-4). Bei der Auszahlung erfolgt eine Auf- oder Abrundung auf 50-Pfennig-Beträge.

Von den Teams wird entschieden, wie die erarbeitete Prämie auf die Teammitglieder verteilt wird. Zumeist erfolgt eine Gleichverteilung, da der Beitrag des Einzelnen zum Teamergebnis im Rahmen der individuellen Leistungsbeurteilung bewertet wird.

10.5 Schlussbemerkungen

Gegenwärtig werden Voraussetzungen geschaffen, auch den Einkauf in die Projekterfolgsprämie mit einzubeziehen, der durch entsprechende Vertragsgestaltung mit den Lieferfirmen bzw. den Zukauf von Teilen statt Eigenfertigung bei einzelnen Werkzeugen sehr großen Einfluss auf die Sicherung der Zielkosten hat.

Ebenso wird eine Erfolgskomponente für den Beitrag der Gruppen in der Fertigung zum Projekterfolg konzipiert. Die Voraussetzungen hinsichtlich der Kostenrechnungen wurden bereits in Angriff genommen.

11 Individuelle Zielvereinbarung und vom Unternehmenserfolg abhängiger Bonus

von H. Posselt

11.1 Unternehmen

Branche:	Elektronik-Industrie
Produkte:	Logik-Chips für Fernseher, Handys, CD-Player etc.
Fertigungsart:	Großserienfertigung
Beschäftigte:	> 500, davon 200 Angestellte und 460 gewerbliche Mitarbeiter; 320 in Kontischicht (7 Tage, 24 Std.)
In das neue Entgeltsystem einbezogene Mitarbeiter:	alle Mitarbeiter mit Ausnahme der außertariflichen und leitenden Angestellten

11.2 Anlass/Ausgangssituation

Philips S/C SMST GmbH ist ein Betrieb innerhalb der weltweiten Semiconductor-Organisation von Philips. S/C steht für Semiconductor, SMST steht für Sub-Micron Semiconductor Technologies. Der Betrieb gehörte bis März 1995 zur IBM Deutschland GmbH, wurde dann ein Joint Venture zwischen IBM und Philips, seit 1.1.99 hat Philips 100 Prozent der Anteile übernommen. Das Endprodukt des Betriebes sind 8 Zoll große Scheiben, „Wafer" genannt, mit ca. 200 fertig produzierten Logik-Chips. Die Durchlaufzeit in der prozessorientierten Fertigung beträgt ca. 40 Tage.

Das Grundentgelt basiert für alle Mitarbeiter[1] auf einer summarischen Arbeitsplatzbewertung. Entlohnungsgrundsatz war und ist entsprechend dem hohen Automatisierungsgrad der Zeitlohn bzw. das Gehalt mit Leistungszulage gemäß den tarifvertraglichen Regelungen der Metall- und Elektro-Industrie Nordwürttemberg-Nordbaden. Leistung kann vom Vorgesetzten nur beurteilt werden, und das Ergebnis kann vom Mitarbeiter nur akzeptiert werden, wenn zu Beginn einer Bewertungsperiode Übereinstimmung über die zu erreichenden Ziele besteht. Deshalb ist ein Zielsetzungsgespräch und das schriftliche Festhalten der

---

[1] Aus Gründen der Vereinfachung wird die Bezeichnung „Mitarbeiter" im Folgenden für Mitarbeiter und Mitarbeiterinnen verwendet.

Ziele eine Notwendigkeit. Diese Vorgehensweise bedeutet zwar Aufwand, hat sich aber seit Jahren bewährt.

1996 kam die Idee auf, neben dem monatlichen Gehalt, bestehend aus Grundgehalt und der erwähnten tariflichen Leistungszulage, einen zusätzlichen Bonus zu gewähren. Die Fabrik war bis zu der Zeit zum Äußersten ausgelastet. Man entschied sich, einen einmaligen Bonus an die Mitarbeiter zu zahlen, sofern die tatsächliche Ausstoßmenge die geplante Menge um x Prozent überschreitet. Die Aussicht auf diesen Bonus brachte einen deutlichen Schub in der Produktion, und der bis dahin geplante Ausstoß wurde deutlich übertroffen. Ausgehend von diesem Erfolg wurde ein so genannter Mengenbonus für weitere vier Quartale ausgeschrieben. Die Ziele konnten jedoch nicht erreicht werden, da der Markt überraschend rückläufig war und somit kein Anlass für Mehrproduktion bestand. Der Bonus, so weit in die Zukunft und allein auf Mengen festgelegt, verlor seinen Wert. Somit wurde eine Korrektur notwendig.

Die Bonusziele werden nicht mehr für ein ganzes Jahr im Voraus, sondern nur für ein Quartal ausgeschrieben. Dies hat den Vorteil, dass viel genauer und zielgerichteter auf die oft kurzfristig auftretenden betrieblichen Probleme reagiert werden kann. Weiterhin bezieht sich der Bonus nicht nur auf Mengenziele, sondern auch auf technische Ziele, wie z. B. Schrottraten, Durchlaufzeiten, Lieferzuverlässigkeit. Es werden auch finanzielle Ziele in die Bonus-Ausschreibung eingebracht, so z. B. die Gesamtkosten oder die beeinflussbaren Kosten pro Stück. Aus dem Mengenbonus wird so der Quartalsbonus.

11.3 Ziele des Entgeltsystems

Dem Grundsatz, Leistung und Erfolg zu belohnen, wird fast ausnahmslos zugestimmt. Leistung und Erfolg finden Belohnung und Anerkennung. Wo Konkurrenz herrscht, ob in der Industrie oder im Sport, wird hervorragende Leistung durch die Mechanismen des Marktes und der Medien honoriert. Ob die „Belohnung" nun in Ruhm, Status, Ehre oder Geld gesehen wird, ist individuell verschieden. Diese individuellen Erwartungen müssen auch im betrieblichen Umfeld berücksichtigt werden, und dafür sind die verschiedensten Personalprogramme etabliert.

Eine wichtige Form der Belohnung im Betrieb ist das Entgelt. Der Zusammenhang zwischen Leistung und Entgelt muss für die Mitarbeiter transparent sein. Voraussetzung dafür ist, dass die zugrunde liegenden Systeme und Strukturen etabliert und den Mitarbeitern bekannt sind. In den meisten Fällen ist dies in Betriebsvereinbarungen festgehalten.

Davon ausgehend wurde an die Ausgestaltung des Entgeltsystem die Anforderung gestellt, alle finanziellen Anreize grundsätzlich so einzusetzen, dass sie dazu beitragen, das Unternehmen insgesamt erfolgreicher zu entwickeln. Demgemäß galt es,

- ◆ die tarifliche Leistungszulage durch die Verbindung mit individuellen Zielvereinbarungen betrieblich umzusetzen und transparent zu machen sowie
- ◆ durch die Gewährung von Bonuszahlungen in Abhängigkeit vom Erreichen betrieblicher Zielgrößen Erfolg und auch Misserfolg des Unternehmens im Entgelt der Mitarbeiter auswirken zu lassen, um so das unternehmerische Denken der Mitarbeiter zu entwickeln.

Während die Zahlung der Leistungszulage eine unumgängliche tarifliche Forderung ist, stellt sich bei den freiwilligen Bonuszahlungen die interessante Frage der Finanzierung. Doch davon später.

11.4 Beschreibung des Entgeltsystems

Neben dem Grundgehalt und ggf. weiteren tariflichen Zulagen erhält jeder Mitarbeiter (vgl. Abb. 11-1):

- ◆ die tarifliche Leistungszulage in Abhängigkeit vom Erreichen individueller Ziele und einen
- ◆ Quartalsbonus entsprechend der Erreichung betrieblicher Zielgrößen als freiwillige Leistung.

Die im Folgenden beschriebenen Entgeltbestandteile und die Verfahren zu ihrer Ermittlung treffen für die gesamte Belegschaft zu. Davon ausgenommen sind 50 übertarifliche Mitarbeiter und die leitenden Angestellten. Auf deren Bonussystem wird hier nicht eingegangen.

Individuelle Zielvereinbarung

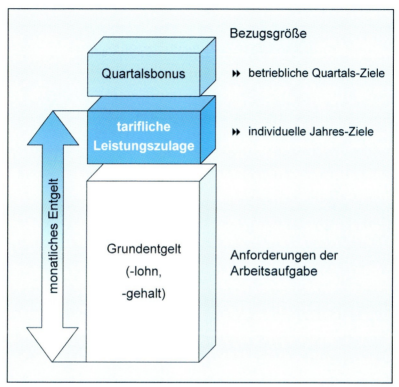

Abb. 11-1: Entgeltaufbau

11.4.1 Zielorientierte individuelle Leistungszulage

Der Tarifvertrag für die Metall- und Elektro-Industrie Nordwürttemberg-Nordbaden fordert, über den tariflichen Grundlohn hinaus im Durchschnitt des Unternehmens eine tarifliche Leistungszulage von 10 Prozent bei Angestellten und 16 Prozent bei den gewerblichen Mitarbeitern zu sichern. Da die Leistungen der Mitarbeiter unterschiedlich sind, stellt sich die Frage, wie diese Durchschnittswerte auf die individuellen Personen zu verteilen sind. Dazu wurde mit dem Betriebsrat eine Vereinbarung getroffen. Danach beträgt z. B. bei einem Angestellten mit der Leistungsnote 1 das Gehalt plus Leistungszulage 114 Prozent des Grundgehaltes und mit der Note 4 nur 105 Prozent des Grundgehaltes (vgl. Abb. 11-2).

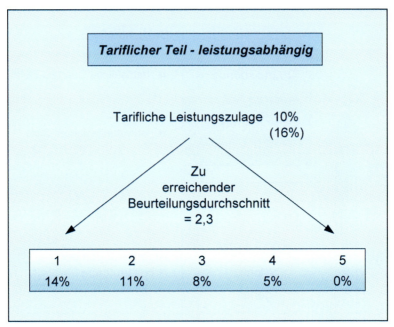

Abb. 11-2: Aufteilung der tariflichen Leistungszulage auf die Leistungsnoten (Angestellte)

Die Ermittlung der individuellen Leistungszulage erfolgt auf der Grundlage einer Beurteilung durch den Vorgesetzten auf der Basis von Zielen. Beurteilt werden die im zurückliegenden Jahr gezeigten Leistungsergebnisse und das Leistungsverhalten der Mitarbeiter anhand der Merkmale:

Beurteilung von Mitarbeitern	Beurteilung von Führungskräften
◆ Arbeitsergebnisse	◆ Arbeitsergebnisse
◆ Fachkönnen	◆ Arbeitsgestaltung
◆ Arbeitsstil	◆ Mitarbeitermotivation/-führung
◆ Initiative	◆ Mitarbeiterentwicklung
◆ Kommunikation und Teamarbeit	◆ Kommunikation und Teamarbeit

Der Beurteilungsbogen für die Mitarbeiter ohne Führungsverantwortung ist in Abb. 11-3 dargestellt.

Individuelle Zielvereinbarung

Abb. 11-3: Beurteilungsbogen für Mitarbeiter ohne Führungsverantwortung

Zu den einzelnen Merkmalen vereinbart die Führungskraft mit dem Mitarbeiter zu Beginn des Beurteilungszeitraumes jeweils ein bis fünf konkrete Ziele. Ein aus der Praxis entnommenes Beispiel einer Zielvereinbarung zeigt Abb. 11-4. In der Leistungsbeurteilung werden dann die Merkmale nicht abstrakt, sondern das Niveau der Zielerreichung bezüglich der Merkmale bewertet. Dazu stehen die folgenden Beurteilungsstufen zur Verfügung:

Leistungsstufe	Die Anforderungen wurden
1 =	… beträchtlich übertroffen
2 =	… übertroffen
3 =	… voll erfüllt
4 =	… im Allgemeinen erfüllt
5 =	… nicht erfüllt.

11.4.1.1 Zielvereinbarungen

Im Rahmen des durch die jeweilige Führungskraft mit jedem Mitarbeiter jährlich zu führenden Mitarbeitergespräches werden die Ziele für die kommende Bewertungsperiode vereinbart. Üblicherweise erfolgt dies innerhalb des ersten Quartals eines Jahres. Die Ziele basieren auf der Arbeitsplatzbeschreibung und geben im Einzelnen wieder, was in den kommenden Monaten konkret zu tun ist. Ausgerichtet sind die Ziele an den oben aufgezeigten Beurteilungsmerkmalen (Arbeitsergebnisse, Fachkönnen, Arbeitsstil, Initiative, Kommunikation und Teamarbeit).

Selbstverständlich sind bei einfachen Arbeitsplätzen die Ziele über mehrere Beurteilungsperioden auch wiederkehrend. Trotzdem ist es der Führungskraft möglich, besondere Aufmerksamkeit z.B. auf die Teamarbeit oder Erweiterung der Fachkenntnisse zu legen. Bei Ingenieurtätigkeiten ändern sich die Aufgabenstellungen – bedingt durch Projekte – in der Regel von Jahr zu Jahr.

Im Mitarbeitergespräch werden auch die längerfristigen Entwicklungsmöglichkeiten des Mitarbeiters diskutiert und diesbezügliche Maßnahmen aufgeführt. Diese Maßnahmen gehen jedoch nicht in die Ermittlung der Leistungszulage ein.

Individuelle Zielvereinbarung 155

PHILIPS					
Philips Semiconductors SMST GmbH					Seite 1 von 2
MITARBEITERGESPRÄCH					
Name:	Herr XYZ	Personal-Nr.:	123456	Abteilung:	ICH
Tätigkeit:	Instandhalter Stufe x	Führungskraft:	Herr ZZZ	Datum:	
Ziele für das Jahr: 1999			Beurteilung / Kommentare		
Arbeitsergebnisse:		1	2	3	4	5
• Termingerechtes Abarbeiten der definierten IDF-Tätigkeiten (Termine sind bekannt) • Zur Sicherstellung der Qualität sind die Anlagen nach Abschluss der IDF-Tätigkeiten im definierten Rahmen zu qualifizieren • Aufarbeiten und Bereitstellen der definierten Anlagenelemente zu den Austauschterminen						
Initiative:		1	2	3	4	5
• Kostenbewusster Umgang mit den zur Verfügung stehenden Betriebsmitteln • Rechtzeitige Eskalation bei auf kommenden Problemen						
Fachkönnen:		1	2	3	4	5
• Bis Mitte 1999 sind die theoretischen und praktischen Elektronik-Kenntnisse der Anlage zu vertiefen. Übernahme der Wartungsaufgabe danach. • Bis April 1999 Übernahme der erweiterten IDF-Tätigkeiten nach Einarbeitung.						

PHILIPS					
Philips Semiconductors SMST GmbH					Seite 2 von 2
MITARBEITERGESPRÄCH					
Name:	Herr XYZ	Personal-Nr.:	123456	Abteilung:	ICH
Ziele für das Jahr: 1999			Beurteilung / Kommentare		
Arbeitsstil:		1	2	3	4	5
• Schichtübergabe-Aktivitäten einfordern, sicherstellen • Regeln zur Pausenlänge und -anzahl einhalten; Sicherheitsvorschriften streng beachten • Logbücher konsequent lesen und führen						
Initiative:		1	2	3	4	5
• Beiträge zur Kostensenkung, Partikelreduzierung, Schrottreduzierung • Flexibleres Reagieren bei Personalengpässen						
Kommunikation und Teamarbeit:		1	2	3	4	5
• Aktive Mitarbeit bei den Problembesprechungen, weiterhin kollegiales Weitergeben von gefundenen Lösungen, gutes Teamverhalten pflegen						
Beurteilung Besprochen am:			Gehaltsfindungsgruppe:		
Stellungnahme des Mitarbeiters, weitere Kommentare, Schulung, Entwicklung:					
Teilnahme am Elektronik Kurs im 2. Halbjahr 1999					
Ziele besprochen am: 05.02.1999					
Unterschriften:	XYZ Mitarbeiter/in		YYYY Führungskraft		Höhere FK

Abb. 11-4: Beispiel einer Zielvereinbarung

Ein Hinweis:

Sehr wesentlich ist die Tatsache, dass bei einer Leistungsbeurteilung eine „Bewertung" stattfindet, die sich auch auf nicht exakt messbare Ziele bezieht. Ein einfaches Beispiel: Eine Person, die sich störend im sozialen Bereich zeigt, kann schwer ein messbares Ziel bekommen, also etwa „5 x lächeln pro Tag". Trotzdem wird dieses zu kritisierende Verhalten nicht deshalb unwichtig, weil es nicht messbar ist. Es muss also in der Zielsetzung seinen Niederschlag finden. Natürlich können bei einer Beurteilung subjektive Einflüsse nicht ausgeschlossen werden. Die gegebenen Verfahren dienen jedoch mit dazu, dies zu minimieren.

Anders verhält es sich bei den im Abschnitt 11.4.2 beschriebenen betrieblichen Bonus-Zielgrößen wie Umsatz, Lieferzeit, Schrottrate, Mengen. Hierbei handelt es sich um messbare Größen, bei denen objektiv feststellbar ist, ob das Ziel erreicht wurde oder nicht.

11.4.1.2 Bewertungsverfahren

In der Leistungsbeurteilung bewertet die Führungskraft das Niveau der Zielerreichung bezüglich der zu den einzelnen Beurteilungsmerkmalen vereinbarten Ziele. Dabei wird auf dem Beurteilungsbogen, der seit der Zielvereinbarung die Ziele und Aufgaben enthält, nicht nur die erzielte Leistungsstufe angekreuzt, sondern es erfolgt auch eine differenzierte schriftliche Einschätzung, die beim Mitarbeitergespräch noch erläutert wird (Beispiel siehe Abb. 11-5). Der Durchschnitt aus den Benotungen der 5 Merkmale ergibt dann die Gesamtnote.

Natürlich stellt sich die Frage, wie gewährleistet ist, dass nicht alle Mitarbeiter mit den Noten 1 und 2 bewertet werden. Ein solches Ergebnis würde die durchschnittliche Leistungszulage wesentlich über die tariflich geforderten 10 bzw. 16 Prozent hinaus erhöhen und damit das Gehaltsbudget deutlich überschreiten. Deshalb ist festgelegt, gesamtbetrieblich einen Durchschnitt der Leistungsnoten von 2,3 zu erreichen. Um das zu erreichen wurde der in Abb. 11-6 dargestellte Ablauf für die Leistungsbeurteilung eingeführt.

Individuelle Zielvereinbarung 157

PHILIPS — Philips Semiconductors SMST GmbH — Seite 1 von 2

MITARBEITERGESPRÄCH

Name:	Herr XYZ	Personal-Nr.:	123456	Abteilung:	ICH
Tätigkeit:	Instandhalter Stufe x	Führungskraft:	Herr ZZZ	Datum:	xx.xx.xx

Ziele für das Jahr: 1999

Arbeitsergebnisse:

1	②	3	4	5	Beurteilung / Kommentare

- Termingerechtes Abarbeiten der definierten IDF-Tätigkeiten (Termine sind bekannt)
- Zur Sicherstellung der Qualität sind die Anlagen nach Abschluss der IDF-Tätigkeiten im definierten Rahmen zu qualifizieren
- Aufarbeiten und Bereitstellen der definierten Anlagenelemente zu den Austauschterminen

Durch eine ausgezeichnete Planung der anstehenden IDF-Tätigkeiten und eine sachgemäße Durchführung trägt Herr XYZ positiv zu einer hohen Anlagenverfügbarkeit bei. Vorbildlich wird sowohl die Funktion Instandhaltung als auch die Fertigung unterstützt.

- Kostenbewusster Umgang mit den zur Verfügung stehenden Betriebsmitteln
- Rechtzeitige Eskalation bei aufkommenden Problemen

Kostenaspekte finden bei der Durchführung der Arbeiten eine hohe Priorität.

Fachkönnen:

1	②	3	4	5	

- Bis Mitte 1999 sind die theoretischen und praktischen Elektronik-Kenntnisse der Anlage zu vertiefen. Übernahme der Wartungsaufgabe danach.
- Bis April 1999 Übernahme der erweiterten IDF-Tätigkeiten nach Einarbeitung.

Durch ungeplante Arbeiten im 1. Halbjahr hat sich die Einarbeitung in die Elektronik verzögert. Herr XYZ hat dies dann in kürzester Zeit nachgeholt.
Entsprechendes gilt für die Übernahme der erweiterten IDF-Tätigkeiten.
Die Fachkenntnisse sind durch den Elektronik-Kurs deutlich verbessert.

PHILIPS — Philips Semiconductors SMST GmbH — Seite 2 von 2

MITARBEITERGESPRÄCH

Name:	Herr XYZ	Personal-Nr.:	123456	Abteilung:	ICH

Ziele für das Jahr: 1999

Arbeitsstil:

1	2	③	4	5	Beurteilung / Kommentare

- Schichtübergabe-Aktivitäten einfordern, sicherstellen
- Regeln zur Pausenlänge und -anzahl einhalten;
- Sicherheitsvorschriften streng beachten
- Logbücher konsequent lesen und führen

Die Übergaben wurden immer sichergestellt, das Verhalten bei den disziplinarischen Punkten hat sich deutlich verbessert. Die Arbeit mit den Logbüchern bedarf noch mehr Aufmerksamkeit.

Initiative:

1	②	3	4	5	

- Beiträge zur Kostensenkung, Partikelreduzierung, Schrottreduzierung
- Flexibleres Reagieren bei Personalengpässen

Gute Beiträge zur Partikelreduzierung wurden eingebracht.
Herr XYZ hat sich sehr flexibel bei Arbeitsspitzen gezeigt und unterstützt auf eigene Initiative.

Kommunikation und Teamarbeit:

1	②	3	4	5	

- Aktive Mitarbeit bei den Problembesprechungen, weiterhin kollegiales Weitergeben von gefundenen Lösungen, gutes Teamverhalten pflegen

Durch seine offene Art ist Herr XYZ im Team mehr als nur akzeptiert.

Beurteilung		Gehaltsfindungsgruppe:	2
Besprochen am:	12.01.00		

Stellungnahme des Mitarbeiters, weitere Kommentare, Schulung, Entwicklung:
Teilnahme am Elektronik Kurs im 2. Halbjahr 1999
Ziele besprochen am: 05.02.1999

Unterschriften:	XYZ	YYYY	ZZZZZ
	Mitarbeiter/in	Führungskraft	Höhere FK

Abb. 11-5: Ausgefüllter Beurteilungsbogen

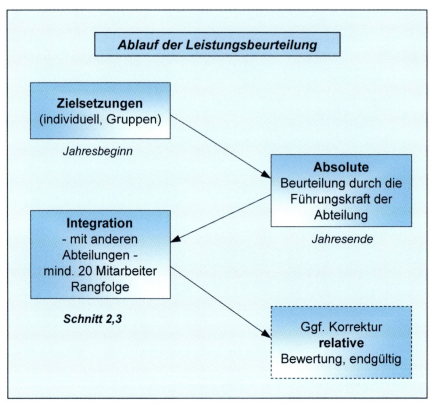

Abb. 11-6: Ablauf der Leistungsbeurteilung

Zunächst beurteilt jede Führungskraft seine Mitarbeiter vorläufig und „*absolut*", d. h. so, wie nach Meinung der Führungskraft die Ziele erfüllt worden sind, gemessen an den Leistungsstufen. Es kann sehr wohl sein, dass sein Schnitt dabei besser als 2,3 ist. Nach dieser absoluten Bewertung erfolgt eine Integrationsrunde, in der Führungskräfte vergleichbarer Abteilungen gemeinsam die vorläufigen Gesamtnoten von Mitarbeitern prüfen und gegeneinander abwägen. Dabei kann es zu Korrekturen bei einzelnen Mitarbeitern kommen. Zum einen, um das Ziel 2,3 zu erreichen, zum anderen, um die Verteilung der Noten 1–5 zu prüfen. Da hierbei Mitarbeiter untereinander verglichen werden, ist dies ein *relatives* Verfahren gegenüber der vorläufigen absoluten Bewertung.

Die Verteilung der Noten 1–5 unterlag früher der Normalverteilung der Gauß'schen Glockenkurve, in der Annahme, dass es in einer genügend großen

Organisation sowohl sehr gute als auch sehr schlechte Mitarbeiter geben muss. In der Praxis hat sich dies nicht bewährt. Zum einen ist eine Note 5 nie vorgekommen (bei solchen Mitarbeitern haben Führungskraft und Personalabteilung bereits vorher „reagiert"), zum anderen hat man Mitarbeiter mit der Note 1 eher gefunden als Mitarbeiter mit der Note 4 – schließlich haben wir überwiegend motivierte Mitarbeiter und gute Manager. Der Zwang, eine Normalverteilung über die Beurteilungsergebnisse zu erhalten, wurde fallen gelassen zugunsten der Auflage, den Wert 2,3 zu erreichen, egal ob allein durch die eigene Abteilung oder mit Hilfe der Nachbarabteilung. Dies hat sich im Unternehmen bewährt.

11.4.1.3 Mitarbeitergespräch

Mitarbeitergespräche und die Vereinbarung von Zielen haben im Unternehmen seit langem Tradition. Einmal pro Jahr (mindestens) hat jede Führungskraft mit jedem Mitarbeiter ein individuelles Gespräch zu führen. Üblicherweise wird dies im ersten Quartal eines Jahres durchgeführt. Die Inhalte sind dabei: Mitteilen und Erklären der Leistungsnote, basierend auf den Leistungen des vergangenen Jahres, Ausarbeiten der Ziele für die anstehende Bewertungsperiode, Diskussion der längerfristigen Entwicklung des Mitarbeiters. So ein Vier-Augen-Gespräch dauert je nach Schwierigkeitsgrad zwischen einer halben Stunde und drei Stunden. Die Ergebnisse werden schriftlich festgehalten, das Formular ist vom Mitarbeiter, der Führungskraft und von der nächsthöheren Führungskraft zu unterschreiben (vgl. Abb. 11-5). In besonders gelagerten Fällen können die Ziele auch in Gruppengesprächen vereinbart werden.

Bisher kommt es bei ca. 2 Prozent der Mitarbeiter vor, dass gegen die Note Einspruch erhoben wird. In diesen Fällen tritt eine Einspruchskommission zusammen, die paritätisch besetzt ist (Personalabteilung und Betriebsrat). Dabei tragen Mitarbeiter und Führungskraft ihre Argumente vor. Da die Kommission selbstverständlich nicht die Leistung des vergangenen Jahres beurteilen kann, wird im Wesentlichen die Einhaltung des Verfahrens von Seiten der Führungskraft überprüft. Wurden zum Beispiel für die Beurteilungsperiode keine Ziele vereinbart, wird dem Einspruch stattgegeben. Entweder behält der Mitarbeiter dann seine bisherige Note oder es erfolgt eine Nachbewertung innerhalb von 3 Monaten.

Auf Grund der langen Tradition der Mitarbeitergespräche ist eine generelle Information und Schulung nur für neue Mitarbeiter notwendig.

11.4.1.4 Auswirkung auf das Gehalt

Die Leistungsbeurteilung wird zum Zeitpunkt der jährlichen Tariferhöhung für die Höhe der individuellen Leistungszulage wirksam (zumeist März eines Jahres). Dadurch wird eine möglicherweise geringere Leistungszulage zum großen Teil von der Tariferhöhung kompensiert, und es erübrigt sich eine Gehaltsreduzierung. Dazu ein Beispiel: Verschlechtert sich die Leistungsnote von 2 auf 3, so reduziert sich die tarifliche Leistungszulage von 11 Prozent auf 8 Prozent. Beträgt die Tariferhöhung in diesem Jahr 2,5 Prozent, würde sich das Gesamtgehalt somit nur um 0,5 Prozent reduzieren.

Die so ermittelten tariflichen Leistungszulagen haben für ein Jahr Gültigkeit, bis eine neue Bewertung erfolgt und in den Gehaltssystemen umgesetzt ist. Individuelle Leistungen finden somit ihre Honorierung.

11.4.2 Erfolgsorientiertes Bonussystem

Zielgrößen, sowohl technischer als auch finanzieller Art, lassen sich in einem Betrieb schnell finden. Die Geister schieden sich jedoch auch in der SMST an der Frage, wie stark die Kriterien von jedem Einzelnen beeinflussbar sein sollen, und ob individuelle Kriterien mit aufgenommen werden sollten. Die Bandbreite der Möglichkeiten ist groß: Messzahlen, wie z. B. der Bilanzgewinn eines Konzerns, sind oft zu weit weg von der täglichen Arbeit der Mitarbeiter, sodass eine sich daraus ergebende Bonuszahlung eher durch andere Ursachen, denn aus erkennbarem eigenen Beitrag, resultiert. Bereichsziele innerhalb eines Betriebes hingegen, können zu Bereichsdenken und somit zu Suboptimierungen führen, die kein Optimum des Gesamtbetriebes ergeben. Da individuelle Leistungsziele bereits in der individuellen Leistungsbewertung ihren Niederschlag gefunden haben, wurde der erfolgsorientierte Bonus für alle Mitarbeiter an einheitliche Zielsetzungen auf betrieblicher Ebene gebunden.

Dies ergab folgende Vorteile:

- ◆ klare Ziele,
- ◆ Konzentration der Kräfte auf die gegebenen Ziele,
- ◆ keine Suboptimierung,
- ◆ Interesse der Mitarbeiter für Ereignisse und Ergebnisse anderer Bereiche (crossfunktionales Interesse),
- ◆ Bonus als Anreiz.

Die Entwicklung des crossfunktionalen Interesses bei den Mitarbeitern war überraschend. Während zuvor das Interesse am Erfolg anderer Funktionen meist gering war, erhöhte sich bei der Einführung schlagartig die Aufmerksamkeit für Ereignisse und Ergebnisse anderer Bereiche. So hat es die Mitarbeiter aus den Stabsbereichen plötzlich interessiert, welche Probleme in der Fertigung aufgetreten sind und warum. Andererseits wuchs bei den technischen Abteilungen die Aufgeschlossenheit für Fragen der Kosten, Umlagen und Kalkulationen.

11.4.2.1 Finanzierung des Bonus

Heute betragen die maximal erreichbaren Bonusbeträge

für das	1. Quartal	DM 1.000,–
	2. Quartal	DM 1.000,–
	3. Quartal	DM 1.300,–
	4. Quartal	DM 1.700,–

In der Summe also DM 5.000.- pro Mitarbeiter. Die Beträge sind für alle Mitarbeiter gleich, unabhängig ob Operator in der Fertigung oder Ingenieur. Vom Betriebsrat wurde diese Verteilung der freiwilligen Leistung unterstützt, gab sie doch den Mitarbeitern mit geringerem Einkommen prozentual einen Vorteil. Die Auszahlung des erreichten Bonus erfolgt jeweils im Folgemonat nach dem Quartal.

Bezüglich der Finanzierung gilt im Unternehmen der Grundsatz, dass solche Boni „self-funding" sein sollen, d. h. bei Erfüllung der Bonusziele hat das Unternehmen einen finanziellen Vorteil, der mindestens der Bonuszahlung entspricht. Als weiterer Aspekt spielte das Bestreben eine Rolle, vorhandene freiwillige übertarifliche Entgeltbestandteile erfolgsabhängig zu gestalten. Auf Grund einer betriebsweit durchgeführten Neubewertung der Arbeitsaufgaben ist eine Vielzahl von Arbeitsplätzen entsprechend dem tatsächlichen Anforderungsniveau niedriger eingestuft worden als bisher, und somit sind übertarifliche Gehaltsbestandteile entstanden. Durch Anrechnung von Tariferhöhungen werden diese Bestandteile abgebaut. Im Gegenzug wurden die Bonuszahlungen von ehemals 2.000,– DM auf nunmehr 5.000.,– DM pro Mitarbeiter und Jahr angehoben. Einkommensbestandteile, die vorher fix waren, sind somit nach und nach variabel geworden. Die derzeitige Höhe des Quartalsbonus stellt die obere Grenze dar, die das Unternehmen bereit ist auszuschreiben. Andererseits ist natürlich zu beachten, dass ein Bonus auch eine gewisse Minimalgröße haben muss, damit er in der Belegschaft einen Schub auslöst.

11.4.2.2 Zielvorgabe und Kommunikation

Zu Beginn eines Quartals werden von Seiten der Geschäftsführung die jeweils bonusrelevanten Zielkriterien und Zielgrößen festgelegt. Ursprünglich sollte nur eine Übererfüllung von Plangrößen eine Bonuszahlung zur Folge haben, denn für die Erfüllung des Planes gibt es bereits den Lohn bzw. das Gehalt! In der Praxis hat es sich aber auch gezeigt, dass ein Rückführen von „out-of-line"-Situationen durch eine Bonusausschreibung beschleunigt wird, was sich letztlich ebenfalls positiv auf den Betrieb auswirkt.

Im Aushang wird den Mitarbeitern mitgeteilt, welche Zielgrößen mit welchem Wert zu erreichen sind und welche DM-Beträge hinter den Einzelzielen stehen (vgl. Abb. 11-7). Wesentlich ist, dass die Zielsetzungen klar und von den Mitarbeitern nachvollziehbar sind. Sind die Parameter zu komplex oder schwer erklärbar, verliert der Bonus an Wirkung.

Allein die Ausschreibung am Schwarzen Brett kann natürlich nicht genügen, um dem Bonus Leben zu verleihen. Auf Schautafeln an den wesentlichen Stellen des Betriebes wird ständig dargestellt, wie die aktuelle Situation hinsichtlich der Zielgrößen ist. Die Führungskräfte müssen in Abteilungsbesprechungen aufzeigen, wie weit man vom Ziel noch entfernt ist, und es gilt zu diskutieren, was noch getan werden kann, um die Ziele und somit den Bonus zu erreichen.

Nach Ablauf des Quartals erfolgt die Abrechnung der Zielerreichung und die Information der Mitarbeiter über den erarbeiteten Bonus (vgl. Abb. 11-8).

Individuelle Zielvereinbarung

Philips Semiconductors SMST GmbH

Mitarbeiterinformation

Quartalsbonus für das 1. Quartal 1999: DM 1.000,-

Hiermit möchten wir Sie über die Bonusziele für das 1. Quartal 1999 informieren:

Die zu erreichenden Werte im 1. Quartal 1999 sind:

Kriterium	Gewichtung	Ziel
Cash Out per Wafer	55%	xxxx DM/Wafer out
Line yield	15%	xx%
Defekt Dichte Produkt X	15%	xx/cm²
Faktor Durchlaufzeit	15%	xx%

Wir wünschen allen viel Erfolg.

_____   _____
Geschäftsführung   Personal

Freiwilligkeitsvorbehalt:
Die Ausschreibung der Quartalsboni ist freiwillig, es entsteht auch bei wiederholter Ausschreibung und Zahlung kein Anspruch auf Weiterführung.

Personal   Böblingen, 09. Februar 1999   Aushängen bis 31. März 1999

Abb. 11-7: Beispiel einer Ausschreibung der Ziele für den Quartalsbonus

> **Philips** Semiconductors SMST GmbH
>
> **Mitarbeiterinformation**
>
> **4. Quartalsbonus - Zielerreichung**
>
> Liebe Mitarbeiterinnen, liebe Mitarbeiter,
>
> **herzlichen Glückwunsch:**
>
> Im 4. Quartal 1998 wurden alle Ziele erreicht und es wird ein
>
> **Bonus von DM 1.700,-**
>
> im Januar 1999 ausbezahlt.
>
> Die Ergebnisse im einzelnen:
>
> | | Ziel | erreicht | Bonus |
> |---|---|---|---|
> | Schrott | max. xxxx | yyyy | 400,- DM |
> | Defektdichte | xx | yy | 600,- DM |
> | Faktor Durchlaufzeit | xx% | yy% | 400,- DM |
> | Kosten | xx% | yy% | 300,- DM |
>
> Geschäftsführung   Personal
>
> Besondere Regelungen für die einzelnen Mitarbeitergruppen sind in der Betriebsvereinbarung xx/xx/xx festgehalten. Freiwilligkeitsvorbehalt: Die Ausschreibung der Quartalsboni ist freiwillig, es entsteht auch bei wiederholter Ausschreibung und Zahlung kein Anspruch auf Weiterführung.
>
> Personal   Böblingen, 11. Januar 1999   Aushängen bis 31. Januar 1999

Abb. 11-8: Beispiel einer Mitarbeiterinformation über den Stand der Zielerreichung und die Bonuszahlung im Quartal

11.4.2.3 Erfahrungen

Das Bonussystem zeigte sich als ein sehr wirksames Instrument einer kurzfristigen und zielgerichteten Steuerung, unabhängig davon, ob es sich auf eine Übererfüllung der Pläne bezog oder um Schwierigkeiten im Produktionsablauf zu bereinigen. Die Aktivitäten sind – über die verschiedenen Funktionen gebündelt – auf die genannten Parameter gerichtet. Seit Beginn der Bonusausschreibungen im 2. Quartal 1996 sind 67 Prozent der Ziele ereicht worden. In 4 von bisher 15 Quartalen wurden alle Ziele erreicht, also 100 Prozent, in 3 Quartalen wurde der Bonus nur zu 0 Prozent bzw. 25 Prozent erreicht. Dies sind vernünftige Größen, denn die Ziele sollten einerseits nicht zu hoch angesetzt sein, andererseits dürfen es keine Selbstläufer sein.

Wie schon erwähnt, ergaben sich überbereichliche Interessen. In Diskussionen wurden technische und finanzielle Zusammenhänge erläutert, das Verständnis für betriebliche Abläufe wurde dadurch verbessert. Oft wird bemängelt, dass einzelne Funktionen bei gewissen Zielen keinen Beitrag leisten können. Dies hat sich in fast allen Fällen durch Diskussionen klären lassen, denn die Beiträge sind oftmals nicht direkter Art, sondern geschehen auf indirekte Weise. Als Beispiel mögen hier die Stabsbereiche stehen, die durch ausgeprägten Servicegedanken und das Verständnis der internen Kundenbeziehungen für reibungslose Abläufe sorgen können, Störungen vermeiden können, die Produktionsabteilungen unterstützen und somit Kosten reduzieren können.

Das Bonussystem wurde von den Mitarbeitern positiv angenommen und hat sich für das Unternehmen bewährt. Es wird in der SMST in dieser Form weiter gepflegt werden, zu größeren Veränderungen besteht derzeit kein Handlungsbedarf.

12 Leistungs- und erfolgsorientiertes Bonussystem für alle tariflichen Mitarbeiter

von S. Holzamer

12.1 Unternehmen

Branche:	Elektro- und Metallindustrie, Chemische Industrie
Produkte:	Kohlenstoff- und Graphitprodukte
Fertigungsart:	Einzelfertigung, Mittel- und Großserienfertigung
Beschäftigte:	> 1500
In das neue Bonussystem einbezogene Mitarbeiter:	ca. 1900, gewerbliche Mitarbeiter und Angestellte

12.2 Anlass/Ausgangssituation

Im Zuge der Neuausrichtung des Unternehmens und der Ausgliederung aus dem Hoechst Konzern waren Mitte der 90er Jahre vier unterschiedliche Standorte in Deutschland mit sehr unterschiedlichen Unternehmenstraditionen zu einer rechtlichen Einheit zusammengefasst worden. Die Standorte waren unterschiedlichen Tarifbereichen und -gebieten (Chemische Industrie Hessen, Bayerische Metallindustrie sowie Eisen-, Metall- und Elektroindustrie Nordrhein-Westfalen) zugeordnet, was wiederum zu unterschiedlichen tariflichen Jahresleistungen und Leistungszulagen geführt hat. Darüber hinaus waren die bisherigen Leistungsbeurteilungssysteme nicht mehr praktikabel, da in der Regel die in der Vergangenheit erreichte Leistungszulage von vielen Mitarbeitern, aber auch Führungskräften, als unantastbare Besitzstände betrachtet wurden. Auch deshalb war es notwendig geworden, ein neues Beurteilungssystem zu installieren, bei dem die Leistungspunkte jährlich neu vergeben werden.

An jedem Standort existierten im Hinblick auf die Bonushöhe und die Bonusermittlung andere Erfolgsbeteiligungssysteme. Allen gemeinsam war nur, dass es sich um reine „profit sharing"-Modelle handelte, die undifferenziert einen Anteil am Unternehmensgewinn – ohne Berücksichtigung von individuellen Anteilen am Erfolg und ohne Orientierung an Zielen – ausschüttete. Nachdem für die außertariflichen Mitarbeiter ein ziel- und erfolgsorientiertes Bonussystem weltweit eingeführt worden war, hatte sich die Unternehmensleitung 1997 entschlossen, auch für die Tarifmitarbeiter in Deutschland ein neues einheitliches Bonussystem zu gestalten. Dieses sollte ebenfalls ziel- und erfolgsorientiert sein und die Mitarbeiter stärker als bisher am Erfolg, aber auch gegebenenfalls am Misserfolg des Unternehmens beteiligen.

12.3 Ziele des neuen Bonussystems

Entlohnungssysteme sind ein wichtiges symbolisches und motivierendes Signal für die Belegschaft. An ihnen lässt sich letztlich feststellen, wie ernsthaft, glaubwürdig und konsequent echte unternehmerische Leistungen in einem Unternehmen und der Beitrag zum Unternehmenserfolg honoriert werden.

Deshalb liegen dem neuen Bonussystem folgende Ziele zugrunde:

- Vereinheitlichung für alle deutschen Standorte,
- starke Differenzierung nach Unternehmenserfolg, nach persönlicher Leistung und nach der Erreichung von vereinbarten Zielen,
- Ausgleich der unterschiedlichen tariflichen Jahresleistungen,
- höhere Beteiligung der Mitarbeiter am Unternehmenserfolg,
- Einführung einer Risikokomponente, d.h. gegebenenfalls auch finanzielle Einbußen der Mitarbeiter bei Misserfolg,
- verstärkte Beteiligung der Mitarbeiter am Unternehmen durch Ausgabe von Aktien.

Diese Ziele des SGL-Bonussystems sollen die Leistung des einzelnen, die Orientierung an Zielen und die unternehmerische Beweglichkeit und Verantwortung durch entsprechende Aktienausschüttungen per anno fördern und damit in der Belegschaft den Wandel vom Mitarbeiter zum Miteigentümer unterstützen. Und das mit aller Konsequenz! Denn neben den finanziellen Chancen, die das neue Bonussystem den Mitarbeitern eröffnet, werden die Mitarbeiter auch in begrenztem Umfang am unternehmerischen Risiko finanziell beteiligt.

12.4 Beschreibung des neuen Bonussystems

Um die oben angeführten Ziele zu verwirklichen, wurden vier Schlüsselvariablen ausgewählt. Die Höhe des Bonus hängt danach ab von (vgl. Abb. 12-1):

- der individuellen Leistung,
- der Erreichung von zwei zu vereinbarenden Zielen der Arbeitsgruppe,
- dem Betriebsergebnis der „Business Unit" und
- dem Gewinn vor Steuern des Konzerns.

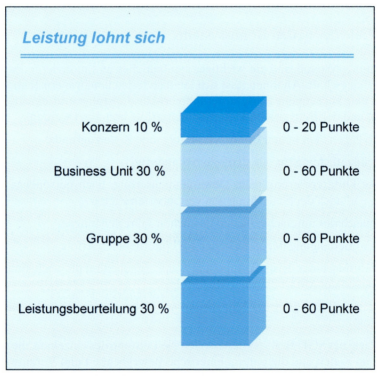

Abb. 12-1: Bonuszusammensetzung

Die vier Bestandteile des Bonussystems sind in der in Abb. 12-1 dargestellten Gewichtung festgelegt, um das gemeinsame Unternehmensergebnis – neben individuellen Leistungskriterien – als Erfolgsgröße zu unterstreichen. Wichtig ist bei der individuellen Leistungsbeurteilung, dass sie jedes Jahr erneut durchgeführt wird, um keine Besitzstände an einer festen Leistungszulagenhöhe entstehen zu lassen. Das Gleiche gilt für die Erreichung der beiden jeweils jährlich neu zu vereinbarenden Gruppenziele.

Leistungs- und erfolgsorientiertes Bonussystem 169

Wichtige Grundlagen des Systems sind die Einheitlichkeit für alle deutschen Standorte, Transparenz sowie Fairness und Vertrauen gegenüber den Mitarbeitern.

12.4.1 Individuelle Leistungsbeurteilung

Die individuelle Leistung jedes einzelnen Mitarbeiters im Geschäftsjahr wird im Januar oder Februar des folgenden Jahres nach den in Abb. 12-2 dargestellten Beurteilungsmerkmalen und -kriterien durch jeweils zwei Führungskräfte bewertet, dem direkten und dem nächsthöheren Vorgesetzten.

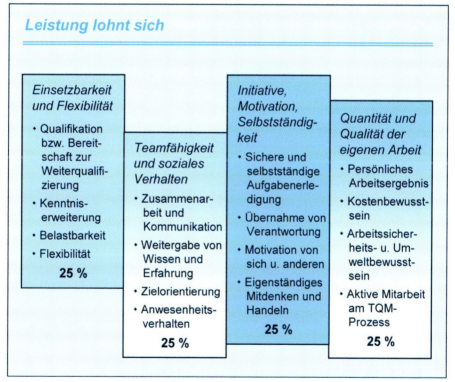

Abb. 12-2: Beurteilungsmerkmale für die individuelle Leistungsbeurteilung

Die Beurteilungsmerkmale sind gleich gewichtet. Demzufolge stehen für alle Merkmale einheitlich die folgenden Beurteilungsstufen und zugeordneten Punktwerte zur Verfügung:

- ◆ sehr gute Leistung: 15 Punkte
- ◆ gute Leistung: 10 Punkte
- ◆ zufrieden stellende Leistung: 5 Punkte
- ◆ keine besondere Leistung: 0 Punkte

Die Vergabe von Zwischenpunkten (z. B. 13 Punkte) ist möglich.

Daraus ergibt sich für die individuelle Leistungsbeurteilung das in Abb. 12-3 dargestellte Beurteilungsschema.

Aus der Summe der durch die Vorgesetzten beurteilten Punkte für die einzelnen Merkmale ergibt sich der Anteil am Bonus für die individuelle Leistungsbeurteilung. Maximal können hierbei 60 Punkte, das sind 30 Prozent der für den Bonus möglichen Gesamtpunktzahl erreicht werden. Das Ergebnis der individuellen Beurteilung für den Bonus bestimmt auch die Höhe der tariflichen Leistungszulage. Hierbei wurde von der Öffnungsklausel in den Metalltarifverträgen Gebrauch gemacht, die mit Zustimmung der Tarifvertragsparteien eine Veränderung der im Tarifvertrag vorgesehenen Leistungsbeurteilung vorsieht. Eine einmalige Beurteilung ermöglicht auf diese Weise sowohl die Ermittlung des Anteils für den individuellen Leistungsbeitrag am betrieblichen Bonus als auch der Höhe der leistungsbezogenen tariflichen Entgeltbestandteile.

12.4.2 Erreichung der Gruppenziele

Zu Anfang eines Geschäftsjahres werden Gruppen gebildet, die über den gesamten Bewertungszeitraum zusammenbleiben. Kriterien für die Zusammenstellung sind die Organisation und die Arbeitsabläufe. Demgemäß können zu einer Gruppe 3 bis 4 aber auch 50 bis 60 Mitarbeiter gehören. Möglich sind rein gewerbliche oder reine Angestelltengruppen, aber auch gemischte Gruppen. Innerhalb der Gruppen werden jeweils zwei Sprecher gewählt, die mit der zuständigen Führungskraft zwei Gruppenziele für die Dauer des Geschäftsjahres vereinbaren. Beispiele für Ziele und die ebenfalls vereinbarten Bewertungsstufen zeigt Abb. 12-4.

Leistungs- und erfolgsorientiertes Bonussystem

zurück an die Personalabteilung
bis spätestens Ende Februar

Name _____
Pers.-Nr. _____
Abt. _____ Beurteilungsdatum _____
Ko.-St. _____ Tarifgruppe _____

Individuelle Leistungsbeurteilung

Beurteilungsmerkmale \ Stufe	A	B	C	D	Punkte
Einsetzbarkeit und Flexibilität • Qualifikation bzw. Bereitschaft zur Weiterqualifizierung • Kenntniserweiterung • Belastbarkeit • Flexibilität	15-12	11-8	7-4	3-0	
Teamfähigkeit und soziales Verhalten • Zusammenarbeit und Kommunikation • Weitergabe von Wissen u. Erfahrung • Zielorientierung • Anwesenheitsverhalten	15-12	11-8	7-4	3-0	
Initiative, Motivation, Selbstständigkeit • sichere und selbstständige Aufgabenerledigung • Übernahme von Verantwortung • Motivation von sich und anderen • eigenständiges Mitdenken und Handeln	15-12	11-8	7-4	3-0	
Quantität und Qualität der eigenen Arbeit • Persönliches Arbeitsergebnis • Kostenbewusstsein • Arbeitssicherheits- u. Umweltbewusstsein • aktive Mitarbeit am TQM-Prozess	15-12	11-8	7-4	3-0	

Punkte [____]

....
Führungskraft Nächsthöhere Führungskraft Mitarbeiter
(Name und Unterschrift) (Name und Unterschrift) (Unterschrift z.K.)

Abb. 12-3: Beurteilungsschema für die individuelle Leistungsbeurteilung

Abb. 12-4: Beispiele für Gruppenziele und zugehörige Bewertungsstufen

Sind die Ziele mit der Leitung der Business Unit abgestimmt, zu der die Gruppe gehört, werden sie mit den Mitarbeitern besprochen und anschließend am schwarzen Brett ausgehängt. Zum Stand der Zielerreichung im Verlaufe des Geschäftsjahres erhalten die Gruppen mindestens einmal monatlich die entsprechenden Kennzahlen zur Auswertung. Nach Abschluss des Geschäftsjahres treffen sich die Gruppensprecher mit der Führungskraft, um gemeinsam zu entscheiden, inwieweit die Ziele erreicht wurden. Die für die Erreichung der Gruppenziele vergebenen maximal 60 Punkte machen gleichfalls bis zu 30 Prozent der möglichen Gesamtpunkte des Bonus aus.

12.4.3 Erreichung der Ziele der Business Unit

Business Units sind produktgruppenbezogene operative Geschäftseinheiten des Konzerns, die über die Gesellschaftsgrenzen des einzelnen Unternehmens hinaus sogar europa- oder weltweit gebildet werden können. Die verantwortlichen Führungskräfte der einzelnen Business Units treffen zu Anfang des Geschäftsjahres eine Zielvereinbarung mit dem Vorstand des Konzerns zu dem zu erreichenden Betriebsergebnis der Einheit. Nach der Veröffentlichung der Gewinn- und Verlustrechnung am Ende des Geschäftsjahres erfolgt die Bewertung des Zielerreichungsgrades durch die Vereinbarungspartner. Je nach Grad der Zielerreichung gibt es 0 bis 60 Punkte für den Bonus (vgl. Abb. 12-5). Im Maximum sind das ebenfalls 30 Prozent der insgesamt möglichen Bonuspunkte.

Abb. 12-5: Ermittlung der Punktwerte für die Erreichung des Ziels der Business Unit

12.4.4 Erreichung der Konzernziele

Für den Konzern werden durch den Vorstand und Aufsichtsrat gemeinsam Ziele definiert. Das zu erreichende Ziel bezüglich Gewinn vor Steuern ist die Grundlage für die Ermittlung des Anteils am Bonus für das Konzernergebnis. Nach Beendigung des Geschäftsjahres stellen Vorstand und Aufsichtsrat gemeinsam fest, ob und inwieweit dieses Ziel erreicht wurde. Je nach dem Grad der Zielerreichung werden 0 bis 20 Punkte vergeben, die in die Ermittlung des Bonus einfließen. Aus der Erreichung des Konzernziels resultieren maximal 10 Prozent der insgesamt möglichen Bonuspunkte.

12.4.5 Ermittlung des Bonus und der Ausschüttung in Aktien

Damit alle Mitarbeiter mit gleichem Maßstab bewertet werden, ist das in Abb. 12-6 dargestellte Punkteschema für die Erreichung der Gruppen-, BU- und Konzernziele gültig.

	Ziele nicht erreicht	Ziele teilweise erreicht	Ziele erreicht	Ziele teilweise übertroffen	Ziele weit übertroffen
Gruppenziele	0	15	30	45	60
BU-Ziele	0	15	30	45	60
Konzernziele	0	5	10	15	20

Abb. 12-6: Punkteschema für die Erreichung der Gruppen-, BU- und Konzernziele

Die Punktezahlen aus diesen Wertungen werden addiert. Hinzu kommen die Punkte (0-60) aus der individuellen Leistungsbeurteilung. Aus der Summe dieser vier Wertungen ergibt sich die Gesamtpunktzahl, die Grundlage für die Berechnung des Bonus ist (vgl. Abb. 12-7).

Um den Bruttobonus zu ermitteln, wird die Gesamtpunktzahl in Geldbeträge umgerechnet. Dabei gilt: 1 Punkt = 0,125 Prozent der fixen Jahresbezüge, d.h. des jeweiligen Grundlohnes bzw. Grundgehaltes zuzüglich der im Ergebnis der tariflichen Leistungsbeurteilung festgelegten Leistungszulage und gewährter übertariflicher Zulagen, bezogen auf ein Jahr. Maximal anrechenbar sind 160 Punkte, da der Bruttobonus höchstens 20 Prozent der Jahresbezüge erreichen kann. Drei Viertel davon können bereits durch persönliche Leistung und den

Leistungs- und erfolgsorientiertes Bonussystem

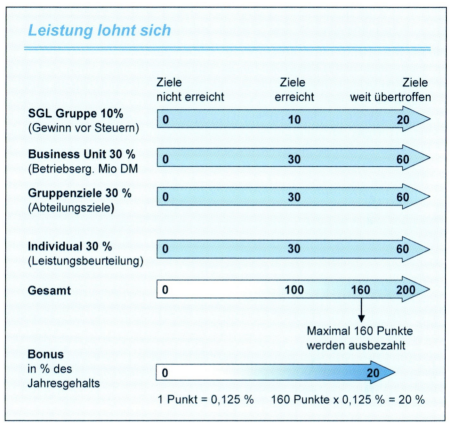

Abb. 12-7: Bewertungsschema

Erfolg der Gruppe erreicht werden, sodass nur noch 40 Punkte aus dem Erfolg der Business Unit und des Konzerns benötigt werden, um den maximal möglichen Bonus zu erhalten.

Auf den ermittelten Bruttobonus werden einige während des Jahres geleistete tarifliche Zahlungen als Vorauszahlungen angerechnet (sog. Risikokomponente). Um den Gesamtbonus zu berechnen, werden vom Bruttobonus 30 Prozent der monatlich gezahlten tariflichen Leistungszulage (im Beispiel in Abb. 12-8 30 Prozent von 5.400 DM (12 x 450 DM) = 1.620 DM) sowie die im November gezahlte tarifliche Jahresleistung (maximal 55 Prozent eines Monatseinkommens, im Beispiel 2.072 DM) abgezogen. Ist der Bruttobonus bei schlechter Leistung und/oder in schlechten Geschäftsjahren kleiner als die o. g. Vorauszahlungen, wird der sich daraus ergebende Negativbetrag mit den Bonuszahlungen in den Folgejahren über ein sog. Negativkonto verrechnet.

Für die Mitarbeiter soll es attraktiv sein, Aktien des Unternehmens zu halten. Deshalb – und um das Kursrisiko für den Mitarbeiter zu minimieren – erhalten sie einen Aktienaufschlag in Höhe von 20 Prozent des Bruttobonus als Zusatzleistung des Konzerns. Aus dem um die Vorauszahlungen verminderten Bruttobonus plus Aktienaufschlag ergibt sich der ausgezahlte Gesamtbonus. Dadurch kann rein rechnerisch (ohne die Anrechnungsbeträge) ein maximaler Bonus von 24 Prozent, bezogen auf die Jahresbezüge, erreicht werden.

Ein Beispiel:
Die individuelle Leistung wurde mit insgesamt 30 Punkten bewertet.
Die Gruppe hat ihre Ziele teilweise übertroffen (45 Punkte).
Die BU konnte ihr Ziel nur teilweise erreichen (15 Punkte).
Der Konzern dagegen hat sein Ziel erreicht (10 Punkte).
Die Gesamtpunktzahl beträgt also 100 Punkte.
Die Berechnung des Bonus für dieses Beispiel zeigt Abb. 12-8.

Der Bonus wird im März bzw. April in Aktien ausgezahlt. Die Anzahl der Aktien richtet sich nach dem Kurs am festgelegten Stichtag, dem 16. März eines Jahres. 70 Prozent der Aktien können verkauft werden, sobald die Aktien auf das Depotkonto übertragen worden sind. Der Rest – also 30 Prozent, mindestens aber eine Aktie – ist für ein Jahr gesperrt.

Der Bonus ist natürlich steuer- und sozialversicherungspflichtig. Damit durch die Bonuszahlung für den Mitarbeiter keine zu hohen einmaligen finanziellen Belastungen im Auszahlungsmonat entstehen, werden die gesetzlichen Abzüge vom Bonus auf drei Raten, im Bonusmonat und in den zwei folgenden Monaten, verteilt.

12.5 Einführung des Systems durch eintägige Workshops

Die Einführung eines solch differenzierten Bonussystems erfordert einen umfangreichen Informations- und Trainingsaufwand, um von Anfang an die Vorteile des Systems für die Mitarbeiter und das Unternehmen deutlich zu machen. Um diesen Einführungsprozess zu begleiten, wurde die Hilfe eines externen Beraters in Anspruch genommen.

Leistungs- und erfolgsorientiertes Bonussystem

Leistung lohnt sich

	alt	neu	
Gehalt	3.217 DM	3.217 DM	
Leistungszulage (TLZ)	450 DM	450 DM	
Außertarifliche Zulage (ATZ)	100 DM	100 DM	
Monatsbezüge	3.767 DM	3.767 DM	
Jahresbezüge /JB)	**45.204 DM**	**45.204 DM**	
Bruttobonus	1.170 DM	5.651 DM	(100 Punkte x 0,125% x JB)
		- 2.072 DM	(Tarifl. Jahresleistung bis 55% eines Monatsgehalts)
		- 1.620 DM	(30% der jährl. TLZ)
		1.130 DM	(Aktienaufschlag = 20% des Bruttobonus)
Gesamtbonus	1.170 DM	3.089 DM	
Tarifliche Jahresleistung	2.072 DM	2.072 DM	
Urlaubsgeld	2.637 DM	2.637 DM	
Gesamt	**51.083 DM**	**53.002 DM**	

Abb. 12-8: Beispielrechnung für eine mittlere Gesamtpunktzahl von 100 Punkten

Die verantwortlichen Führungskräfte wurden in eintägigen Workshops für diese Aufgabe vorbereitet. Schwerpunkte waren dabei der Aufbau und die Wirkungsweise des Bonussystems einschließlich des Leistungsbeurteilungsverfahrens sowie die Vereinbarung der Gruppenziele.

Für die Klärung der Fragen wurde ausreichend Zeit investiert. Im Unternehmen lagen bereits positive Erfahrungen mit einem vor drei Jahren eingeführten Zielvereinbarungssystem für außertarifliche Mitarbeiter, dem SGL-Dialog, vor. Mit der Vereinbarung von Gruppenzielen für Tarifmitarbeiter wurde jedoch Neuland betreten. Deshalb war es erforderlich, insbesondere die Werkzeuge für die Auswahl und Formulierung exakter und messbarer Gruppenziele sorgfältig zu vermitteln. Sollten die Ziele nur auf den Wunschvorstellungen der Vorgesetzten beruhen, ohne von den Mitarbeitern verstanden und akzeptiert zu werden, und allgemein gehaltene Formulierungen enthalten, sind zusätzliche Konflikte bei der Überprüfung vorprogrammiert. Die Qualität der Zielformulierung und des Vereinbarungsprozesses entscheidet letztlich über die Akzeptanz des Systems. Deshalb wurde der Erarbeitung von Gruppenzielen und den an sie gestellten Anforderungen im Workshop breiter Raum gegeben. Auch nach den Workshops hat jede Führungskraft die Möglichkeit, für die Zielformulierungen durch persönliches Coaching bei internen oder externen Beratern Unterstützung zu erhalten. Zur Beurteilung des Zielerreichungsgrades können die Führungskräfte bei Bedarf wiederum ein Coaching in Anspruch nehmen.

Bezüglich der Leistungsbeurteilung wurde unmissverständlich deutlich gemacht, dass die Zeit der Besitzstände bei den Leistungszulagen vorbei ist und aufgezeigt, wie gesichert werden kann, dass jeweils nur die Leistungsergebnisse und das Leistungsverhalten der vergangenen 12 Monate berücksichtigt werden. Jetzt kommt es nicht nur auf das Beurteilungsergebnis allein an, sondern auch auf die konsequente Rückmeldung an die Mitarbeiter über ihre gezeigte Leistung. Damit können schwirige und zum Teil auch menschlich belastende Beurteilungsgespräche verbunden sein. Hierauf wurden die Teilnehmer vorbereitet.

Bereits in der Auswertung der Workshops wurde von den beteiligten Führungskräften eingeschätzt, dass mit dem Bonussystem die Entlohnung wieder stärker leistungsbezogen erfolgen wird. Positiv wurde weiter bewertet, dass die Höhe des erreichbaren Bonusbetrages deutlich über den Beträgen der Altsysteme liegt und gleichzeitig eine bessere Differenzierung möglich ist. Auch die Mitarbeiterbeteiligung in Form von Aktien stieß als moderne Art der Entlohnung auf breite Zustimmung.

Auf Betriebsversammlungen wurde das neue System allen Mitarbeitern vorgestellt. Darüber hinaus erhielt jeder Beschäftigte eine ausführliche Broschüre, die das System darstellte und durch zahlreiche visualisierte Rechenbeispiele veranschaulichte.

12.6 Resümee

Es ist gelungen, ein totgelaufenes Beurteilungssystem sowie diverse veraltete Erfolgsbeteiligungssysteme abzulösen und durch die grundlegend neue leistungs- und erfolgsbezogene Bonusregelung zu ersetzen. Sie ermöglicht es, dass alle Tarif-Mitarbeiter in diesem Sinne zu Mitverantwortern im Unternehmen werden können. Im ersten Jahr wurden 107.000 Aktien an die Mitarbeiter ausgeschüttet. Damit konnte erreicht werden, dass jeder Mitarbeiter von SGL nun auch Miteigentümer des Unternehmens ist.

13 Kapazitätsorientierte Erfolgsvergütung – vom Mehrstundenmodell zum Festbetragsmodell

von H. Oymann

13.1 Unternehmen

Branche:	Metallindustrie/Maschinenbau
Produkte:	Pflüge und Untergrundpacker, Grubber für Stoppelbearbeitung und Bodenlockerung, Saatbettkombinationen und Kreiseleggen für die Saatbettbereitung und Bestelltechnik, mechanische und pneumatische Drill(Sä-)maschinen.
Fertigungsart:	Einzel-, Kleinserienfertigung
Beschäftigte:	ca. 600
In das Modell einbezogene Mitarbeiter:	alle Mitarbeiter des Unternehmens (Teilnahme aufgrund persönlicher Entscheidung)

13.2 Anlass/Ausgangssituation

Die Firma LEMKEN, als landwirtschaftlicher Bodenbearbeitungsspezialist, gehört in ihrer Branche zu den führenden Unternehmen in Europa.

Veränderte Markt- und Absatzbedingungen erforderten auch hier eine strategische Neuausrichtung des Unternehmens und seiner betrieblichen Leistungserstellung im Hinblick auf die Forderungen und Erwartungen der Kunden, die weit über „kosmetische" Korrekturen abgrenzbarer Teilbereiche des Unternehmens hinausgingen. Die kundenorientierte Gestaltung aller Unternehmensaktivitäten und Unternehmenseinheiten wurde zum zentralen Erfolgsfaktor.

Im Rahmen dieses Veränderungsprozesses stellte sich die Frage: Wie können Mitarbeiter/innen am finanziellen Erfolg aber auch am Misserfolg des Unternehmens mit dem Ziel beteiligt werden, sich in ihrem Tun unternehmerisch zu verhalten? Oder: Kann ein erfolgsbezogenes Entgelt, welches auf Chancen und Risiken abstellt, motivierend auf das unternehmerische Denken und Handeln der Mitarbeiter/innen wirken?

13.3 Zielstellung

Unterstellt, dass Arbeit mehr als eine bloße Überlebensstrategie auf Kosten der Lebensqualität ist, und dass es auch ein Urbedürfnis eines jeden Menschen ist, in der eigenen Arbeit Sinn und Erfüllung zu finden, tätig sein zu dürfen und gebraucht zu werden, dann müssen sich unser Denken, unsere Einstellung und unsere Verhaltensweisen verändern. Wir brauchen eine Unternehmenskultur, die motiviert, die die Bereitschaft entstehen lässt, mehr zu tun als „nur" die arbeitsvertraglich geforderten Leistungen, die Bereitschaft, stetig Goodwill-Leistungen einzubringen. Dazu wird ein Anreizsystem benötigt, das – unter Abwägung der Chancen und Risiken – ein Erfolgs*ergebnis* zum Erfolgs*erlebnis* macht.

Wenn dem Mitarbeiter deutlich wird, dass er durch sein Verhalten positiv zum Ergebnis beiträgt, und dass sich dies für ihn aufgrund seines Einsatzes in Form von Zeit oder Geld auszahlen kann, wird er sich zwangsläufig anders verhalten, als wenn er diese Verknüpfung nicht spürt. Ihm wird bewusst, und daran erinnert er sich ständig, „ich habe ein Risiko zu tragen, das ich durch meine positive Verhaltensänderung in eine Chance wandeln kann". Wenn ihm dann wirtschaftliche Kennzahlen zur Verfügung gestellt werden, die Einsparungspotentiale deutlich machen, wird ihn das „nicht kalt lassen". Er wird, weil er ein Interesse am Ergebnis hat, die Informationen nutzen, um mit den ihm zur Verfügung gestellten Ressourcen verantwortungsbewusster umzugehen. Er wird auch seine Kollegen dazu bewegen, sich ebenso zu verhalten. Bei der gewinnorientierten Erfolgsbeteiligung hat der Mitarbeiter selbst Einfluss auf seine Rendite. So werden aus Mit*arbeitern* Mit*unternehmer*.

Es stellt sich dann die Frage, ob in einem solchen Anreizsystem eine Goodwill-Leistung ständig, unmittelbar und zusätzlich honoriert werden muss, oder ob solche Leistungen nicht mit einem jährlichen erfolgsbezogenen Entgelt abgerechnet werden können? Zum Letzteren hat man sich im Unternehmen entschieden. Bezeichnet wird das System als kapazitätsorientierte Erfolgsbeteiligung.

13.4 Mehrstundenmodell

13.4.1 Erfolgsbeteiligung aus Sicht des Mitarbeiters

Im Jahre 1997 führte LEMKEN die kapazitätsorientierte Erfolgsbeteiligung auf Mehrstundenbasis ein. Jeder Mitarbeiter konnte sich nach seiner freien Meinungsbildung für eine Teilnahme oder Nichtteilnahme an der kapazitätsorientierten Erfolgsbeteiligung entscheiden. Tat er dies, so hatte er im Kalenderjahr über die tarifliche Jahresarbeitszeit (52 Wochen x 35 Std.) hinaus zusätzliche 35 Arbeitsstunden kapazitätsorientiert zu leisten. Eine Plus-/Minusabweichung war hier nicht gewollt. Weil eine Gutschrift auf einem Zeitkonto und ein Ausgleich durch Freizeit nicht angedacht war, handelte es sich im Grunde um Mehrarbeit. Diese Mehrarbeit wurde mit dem persönlichen Stundensatz eines Mitarbeiters inklusive 25 Prozent Überstundenzuschlag bewertet. Der Stundensatz wurde aus dem Monatsentgelt ermittelt, das sich u.a. zusammensetzte aus:

◆ Tariflohn,

◆ tarifliche Leistungszulage,

◆ freiwillige übertarifliche Zulage.

Dividiert man dieses Monatsentgelt durch die monatlich im Schnitt zu leistenden Arbeitsstunden (z.B. Metall NRW 152,25 Std.), ist das Ergebnis der *Stundensatz*, der dann noch um 25 Prozent Mehrarbeitszuschlag erhöht werden muss (vgl. Abb. 13-1).

Monatsentgelt:

Tariflohn der Tariflohngruppe 7 (Metall NRW 1997)	DM 3.062,00
Leistungszulage n. tarifl. Leistungsbeurteilung (20%)	DM 612,40
freiwillige, übertarifliche Zulage	DM 400,00
Monatsentgelt	DM 4.074,40

Stundensatz:

$$\frac{\text{Monatsentgelt DM } 4.074{,}40}{152{,}25 \text{ Std.}} = \text{DM } 26{,}76$$

+ Mehrarbeitszuschlag 25% = DM 6,69

Stundensatz inkl. Überstundenzuschlag = DM 33,45

Abb. 13-1: Berechnungsbeispiel Monatsentgelt und Stundensatz

Der Stundensatz inklusive Überstundenzuschlag wird mit dem Einsatz von 35 Stunden multipliziert. Somit ist im Rechenbeispiel der individuelle Einsatz eines Mitarbeiters 1.170,75 DM (33,45 DM mal 35 Stunden). Bei diesem Einsatz des Mitarbeiters konnte nun von einem Risikobeitrag gesprochen werden, denn die

Vergütung des Einsatzes erfolgte nur dann, wenn das Unternehmen einen Gewinn erwirtschaftet hatte. Eine 100%ige Auszahlung des Einsatzes des Mitarbeiters sollte aber bereits erfolgen, wenn 75 Prozent des geplanten Gewinns erzielt wurde. Diese 75 Prozent vom Plangewinn werden im Folgenden als *Basisgewinn* bezeichnet:

◆ Wenn der Gewinn prozentual geringer ausfiel als der Basisgewinn, reduzierte sich die Erfolgsbeteiligung um denselben Prozentsatz; bei einem Gewinn von DM „Null" oder einem Verlust erfolgte demnach keine Bezahlung der geleisteten Zusatzstunden.

◆ Wenn der Gewinn prozentual höher ausfiel als der Basisgewinn, erhöhte sich die Erfolgsbeteiligung um denselben Prozentsatz. Würde der Gewinn z. B. um 50 Prozent höher ausfallen, würde sich auch die Erfolgsbeteiligung um 50 Prozent erhöhen.

Abb. 13-2 zeigt Beispielrechnungen.

In Spalte 1 ist der Stundensatz inkl. Überstundenzuschlag dargestellt, von Spalte 2 bis Spalte 7 lässt sich für verschiedene Gewinne der jeweilige Betrag ablesen, der bei einem Plangewinn von z.B. 5 Mio. DM (Basisgewinn von 3,75 Mio. DM) als individuelle Erfolgsbeteiligung erreicht werden konnte.

Stundensatz inkl. Überstundenzuschlag in DM	Gewinn in Mio. DM						
	0,00	2,50	Basisgewinn 3,75	4,50	Plangewinn 5,00	5,50	6,50
1	2	3	4	5	6	7	8
24,62	0,00	574,47	861,70	1.034,04	1.148,93	1.263,83	1.493,61
28,72	0,00	670,13	1.005,20	1.206,24	1.340,27	1.474,29	1.742,35
32,83	0,00	766,03	1.149,05	1.378,86	1.532,07	1.685,27	1.991,69
33,45	0,00	780,54	1.170,75	1.404,90	1.561,00	1.717,14	2.029,26
36,93	0,00	861,70	1.292,55	1.551,06	1.723,40	1.895,74	2.240,42
41,05	0,00	957,83	1.436,75	1.724,10	1.914,67	2.107,23	2.490,37
45,15	0,00	1.053,50	1.580,25	1.896,30	2.107,00	2.317,70	2.739,10

Abb. 13-2: Berechnung der individuellen Erfolgsbeteiligung – Mehrstundenmodell –

Die Messlatte des Erfolgs durfte nicht zu hoch gelegt werden. Bekanntlich müssen Ziele erreichbar sein, d.h. die zu überspringende Messlatte darf nicht „gerissen" werden. Die Chancen auf Bezahlung der 35 Stunden musste realistisch sein. Das bedeutet, dass der Anreiz für eine Teilnahme sich vergrößerte, wenn der Einsatz des Mitarbeiters schon dann vergütet wurde, wenn nicht der komplette Plangewinn (obere Messlatte), sondern bereits in dem vorliegenden Beispiel 75 Prozent des Plangewinns (Plangewinn 5 Mio. DM, davon 75 Prozent = Basisgewinn 3,75 Mio. DM) erreicht wurden.

■ *Der Begriff „Plangewinn*

Unter Plangewinn soll der für ein bestimmtes Jahr prognostizierte Gewinn zu verstehen sein, der am Anfang eines Geschäftsjahres z. B. vom Rechnungswesen aufgrund geplanter Umsätze und der zu erwartenden Kosten ermittelt wurde. Die Berechnung basierte auf dem Bilanzgewinn, wie er üblicherweise für ein Unternehmen von einem unabhängigen Wirtschaftsprüfer bestätigt (testiert) und dem Finanzamt vorgelegt wird. Wichtig ist, dass diese Plan-Gewinn- und Verlustrechnung mit dem Betriebsrat in *aller Offenheit* besprochen wird. Ferner ist es wichtig, dass jeden Monat dem Betriebsrat ein Einblick in die *laufende* Geschäfts- und Gewinnentwicklung gegeben wird. Dies allein schon, um den *berechtigten* Informationsbedürfnissen der Teilnehmer an einer Erfolgsbeteiligung zu entsprechen.

13.4.2 Teilnahme an Erfolgsbeteiligung

Die Teilnahme am Erfolgsbeteiligungsmodell lag in der persönlichen Entscheidung eines jeden Mitarbeiters. Teilnehmen konnten auch diejenigen Mitarbeiter, die im Außendienst eingesetzt waren und auch außertarifliche Angestellte. Wer nicht teilnehmen mochte, erhielt bei erforderlicher kapazitätsorientierter Mehrarbeit diese tariflich vergütet, wenn andere Ausgleichsmöglichkeiten – wie Freizeitausgleich – nicht gewollt waren. Diese Mitarbeiter hatten dann aber genauso wenig eine Chance von einem überdurchschnittlichen Unternehmensgewinn zu profitieren wie sie auch kein Risiko eingingen, bei einer schlechten Ertragslage Einbußen bei der Vergütung der Mehrarbeit hinnehmen zu müssen. Wollte ein Mitarbeiter sich beteiligen, so konnte er das nur für das ganze Kalenderjahr. Ob und wie dieses Modell auch in den Folgejahren zur Anwendung kommen würde, hing von den Erfahrungen aller Beteiligten ab.

Auch für leitende Angestellte sollte das Modell geöffnet werden, obwohl bei diesem Personenkreis meist schon eine Tantiemeregelung oder gewinnorientierte Variable im Jahreseinkommen berücksichtigt ist. Damit sollte zum Ausdruck gebracht werden, dass eine solche erfolgsorientierte Gewinnbeteiligung alle Hierarchiestufen der Belegschaft angeht, nach dem Motto: „Wir sitzen alle in einem Boot". Da der leitende oder AT-Mitarbeiter kaum mehrarbeitsorientiert ist, d.h. dieser Personenkreis in der Regel Überstunden nicht abrechnet, musste dieser Personenkreis einen Festbetrag einsetzen, der, ausgehend vom individuellen Gehalt, dem Geldwert von 35 Stunden seiner Gesamtjahresarbeit entsprach.

Beispiel:

Monatsgehalt:	DM 10.000,00
vereinbarte wöchentliche Arbeitszeit:	40 Std. bei ⌀ 4.35 Wochen je Monat
	174 Stunden je Monat

$$\frac{10.000}{174} = 57{,}47 \text{ DM/Std.} \times 35 \text{ Std.} = \mathbf{DM\ 2.011{,}45}$$

Dieser Festbetrag wurde in dem Monat, in dem ein 13. Monatseinkommen gezahlt wurde, vom Monatsbruttolohn abgezogen, d.h. der Bruttobetrag reduzierte sich um diese Summe. Dafür erhielten die Mitarbeiter die Chance, bei einer entsprechenden Gewinnsituation mehr Geld als den eingesetzten Betrag ausbezahlt zu bekommen. Dagegen stand das Risiko, bei null DM Gewinn auf ca. 2 Prozent des Jahresgehalts verzichten zu müssen.

■ *Teilnahmeentscheidung*

Zuerst musste der Plangewinn für das entsprechende Erfolgsbeteiligungsjahr ermittelt werden, damit jeder Mitarbeiter wusste, wie hoch denn nun die Messlatte für die Erfolgsbeteiligung lag. Üblicherweise konnte dies erst am Ende eines abgelaufenen bzw. am Anfang eines neuen Geschäftsjahres – das war in den meisten Fällen der Januar – ermittelt werden. Die Mitarbeiter sollten aber einen Entscheidungsspielraum von etwa vier Wochen haben, sodass sich jeder für eine Teilnahme oder Nichtteilnahme an dem Erfolgsbeteiligungsmodell im folgenden Jahr – bis spätestens 31. Januar – entscheiden konnte und musste.

■ *Zu leistende Zusatzstunden*

Die 35 Stunden Mehrarbeit wurden zusätzlich zu den im Kalenderjahr eingeplanten Arbeitszeiten nach den betrieblichen Erfordernissen *bedarfs-/kapazitätsorientiert* abgearbeitet. Für die Zeitgutschrift wurde ein persönliches Zeitkonto geführt. Bei Gleitzeitmodellen kann aber durchaus auch diese Zeit dem

Gleitzeitkonto zugeführt werden. Mitte des Jahres können dann diese 35 Stunden vom Zeitkonto abgebucht werden. Wies das Gleitzeit-/Guthabenkonto keine 35 Stunden auf, so bestand die Möglichkeit, das Konto auch im Minus zu führen.

13.4.3 Vorteile der Erfolgsbeteiligung für Unternehmen und Mitarbeiter

■ *Unternehmen*

Für das Unternehmen war die Einführung eines solchen Modells zunächst ein konsequenter Schritt, die Mitarbeiter nicht nur an der Gestaltung ihrer Arbeitsplatzbedingungen eigenverantwortlich zu beteiligen, sondern die Beteiligung der Mitarbeiter auch auf den finanziellen Unternehmenserfolg auszuweiten. Außerdem brachte ein solches Modell dem Unternehmen den Vorteil, bei ungünstigen Markt- und Absatzbedingungen weniger „verletzlich" zu sein, weil die Mitarbeiter einen finanziellen Beitrag bei Gewinneinbußen leisteten.

Am wichtigsten für das Unternehmen war jedoch die *positive Ausstrahlung des Modells auf Motivation und Verhalten der Mitarbeiter*. Weil jeder Mitarbeiter wusste, dass sein persönliches unternehmerisches Verhalten unmittelbare Auswirkungen auf die Gewinnsituation und damit auf die eigene Einkommenssituation hatte, bestand bei allen Mitarbeitern ein persönliches Interesse an einem guten Betriebsergebnis. Damit war dem Unternehmen mit Blick auf anstehende Investitionen, auf finanzielle Polster für schlechte Zeiten und auf ein gutes Abschneiden gegenüber Wettbewerbern am besten gedient.

■ *Mitarbeiter*

Jedem Mitarbeiter eröffnete die Teilnahme an der Erfolgsbeteiligung die Möglichkeit, an dem Gewinn des Unternehmens, zu dem er *mit seiner persönlichen Leistung* beigetragen hatte, auch *persönlich zu profitieren*. Das beinhaltete für den Mitarbeiter zugleich Chance und Risiko: die Chance, bei einem guten Ergebnis des Unternehmens auch selbst zusätzlich zu verdienen, und das Risiko, bei einem schlechten Ergebnis des Unternehmens die 35 Zusatzstunden nicht vergütet zu bekommen.

Die finanziellen Chancen und Risiken des Modells waren *ausgeglichen* mit eher einem Plus zugunsten der Chancen der Mitarbeiter. Das Risiko war *begrenzt*, weil ein evtl. Verlust dem Mitarbeiter keine weiteren Nachteile brachte als die ausbleibende Vergütung der 35 Zusatzstunden. Der *finanzielle Vorteil* bei einem hohen Gewinn war dagegen nach oben unbegrenzt. Darüber hinaus machte die Erfolgsbeteiligung die Arbeitsplätze im Unternehmen insgesamt sicherer, ohne dass damit individuelle Arbeitsplätze garantiert werden konnten. Ein schlechtes Bilanzergebnis wurde von allen Teilnehmern des Erfolgsbeteiligungsmodells solidarisch mitgetragen. Dadurch wurde die Leidensschwelle des Unternehmens etwas angehoben. Ein evtl. Arbeitsplatzabbau würde zeitlich verzögert bzw. eine Anzahl von Arbeitsplätzen könnten erhalten werden. Die Möglichkeiten hängen letztendlich von der jeweiligen Summe ab, die das Unternehmen einsparen konnte.

13.4.4 Auswirkungen auf Lohnersatzleistungen

Die Teilnahme am Erfolgsbeteiligungsmodell hatte auf Leistungen aus der Kranken- und Rentenversicherung keine erheblichen negativen oder positiven Auswirkungen. Im Krankheitsfall konnte die Bemessungsgrundlage für Krankengeld etwas niedriger sein. Erfolgsbeteiligungsbeiträge sind sozialversicherungspflichtig. Beiträge und Anwartschaften zur Renten- und Arbeitslosenversicherung veränderten sich in Relation zum Unternehmenserfolg (weniger Gewinn bedeutete niedrigere Beiträge und Anwartschaften, höherer Gewinn bedeutete höhere Beiträge und Anwartschaften). Auf die Spät-, Nacht- sowie Sonn- und Feiertagszuschläge hatte dieses Modell keinen Einfluss. Bei Schichtmodellen bekam der Mitarbeiter seine Zuschläge entsprechend.

- *Sonderfälle*

Wenn ein Mitarbeiter sich für eine Teilnahme an der Erfolgsbeteiligung entschieden hatte, infolge Krankheit am Ende des zu berücksichtigenden Jahres seine Zusatzstunden nicht oder nicht vollständig erbringen konnte, so erhielt er dennoch eine Erfolgsbeteiligung. Entsprechend der fehlenden Stunden wurde sein persönliches Arbeitszeitkonto belastet, in der Regel im Minus. Schied der Mitarbeiter im Laufe des Jahres aus dem Unternehmen aus, wurden seine Zusatzstunden – ggf. mit Zuschlägen – mit der letzten Abrechnung vergütet. Seine Teilnahme an der Erfolgsbeteiligung wurde rückwirkend aufgehoben. Durch sein Ausscheiden konnte er nicht mehr zu einem Jahreserfolg des Unternehmens beitragen. Trat ein Mitarbeiter nach der Erklärungsfrist – Stichtag 31. Januar – in das Unternehmen ein, konnte er sich am Erfolgsbeteiligungsmodell nicht mehr beteiligen. Geleistete Überstunden wurden entsprechend abgerechnet.

13.4.5 Auszahlung der Erfolgsbeteiligung

Der endgültige Bilanzgewinn für ein Geschäftsjahr stand erst nach der Arbeit eines Wirtschaftprüfers – das ist meist vier bis sechs Monate nach Ablauf eines Geschäftsjahres – fest. Da aber kurzfristige Erfolgsrechnungen erstellt wurden, war ein voraussichtlicher Bilanzgewinn am Ende eines Geschäftsjahres abschätzbar. Somit konnte im Dezember bereits eine Abschlagszahlung von 70 Prozent der voraussichtlichen Erfolgsbeteiligung erfolgen. Der Rest wurde dem Mitarbeiter nach Testat ausgezahlt.

■ *Muss die Erfolgsbeteiligung mit der Verrechnung von Zusatzstunden verbunden werden?*

Das Erfolgsbeteiligungsmodell funktioniert grundsätzlich auch, wenn der Mitarbeiter keinen persönlichen Einsatz – in diesem Fall Zusatzstunden – einbringt. Wenn der einzelne Mitarbeiter aber keinen Einsatz in Form von Zusatzstunden leistet, hat dieses Modell letztlich nur den Charakter eines Zusatzlohnes bzw. -gehaltes. Der Mitarbeiter würde in einem solchen Fall kein Risiko tragen.

Damit würden sich aber sowohl für die Mitarbeiter als auch für das Unternehmen wichtige Vorteile des Modells nicht realisieren lassen:

♦ Das Unternehmen müsste nach wie vor das Risiko einer schlechteren Ertragslage alleine tragen.

♦ Folglich gäbe es auch keine relativ größere Sicherheit der Arbeitsplätze.

13.4.6 Erfahrungen mit der Erfolgsbeteiligung

Im Jahre 1997 hatten sich mehr als 85 Prozent der Mitarbeiter für eine Teilnahme an der Erfolgsbeteiligung entschieden und konnten vom Modell tatsächlich profitieren. Alle Beteiligten haben ihren Einsatz verdoppelt (s. Beispiel).

Renditebeispiel:		
Einsatz (35 Stunden)	Erfolgsbeteiligung	Rendite
DM 1.170,75	DM 2.341,50	100%

In den Jahren 1997/98 haben sich die Mitarbeiter unternehmerisch geäußert und auch verhalten. In Gruppen- und Einzelgesprächen kam häufig der Hinweis: „Denkt an unsere Erfolgsbeteiligung." Die Mitarbeiter gingen und gehen mit Arbeitsmitteln, Verbräuchen, mit der Arbeitszeit usw. bewusster um. Da an dieser Stelle nicht weiter darauf eingegangen werden kann, soll der Hinweis genügen, dass im Hinblick darauf, die Mitarbeiter zu Beteiligten zu machen, unverkennbar wesentliche positive Verhaltensänderungen festzustellen sind. Daher wurde an der Erfolgsbeteiligung festgehalten. Allerdings hatte das beschriebene Erfolgsbeteiligungsmodell einen potenziellen Konstruktionsfehler. Um die Teilnahme an der Erfolgsbeteiligung zu ermöglichen, mussten bekanntlich Mehrarbeitsstunden eingebracht werden. Mehrarbeitsstunden beinhalten aber, dass der Mitarbeiter an seinem Arbeitsplatz *mehr Stunden leisten kann* bzw. *will*. Also muss ein *erhöhter* Beschäftigungsgrad vorliegen. Werden aber Mehrarbeitsstunden geleistet, obwohl die entsprechende Arbeit nicht im ausreichenden Maße vorhanden ist, entstehen Kosten, denen keine Leistungen gegenübergestellt werden können. In diesem Fall wird das Ergebnis geschmälert oder die Erfolgsbeteiligung geringer ausfallen.

Es gibt auch Mitarbeiter, die keine bzw. kaum eine Möglichkeit sehen, die erforderlichen Mehrstunden zu leisten. Darüber hinaus stellte sich die Frage, ob in Zeiten hoher Arbeitslosigkeit ein Erfolgsbeteiligungsmodell mit dem Erfordernis, Mehrarbeit zu leisten, die richtige Lösung ist. Über alle diese Fragen wurde mit dem Betriebsrat diskutiert und einvernehmlich entschieden, das *Mehrstundenmodell ab 1998* in ein *Festbetragsmodell* zu ändern.

13.5 Festbetragsmodell

Jeder Mitarbeiter entscheidet nach seinen persönlichen Vorstellungen und Möglichkeiten, ob er 750 DM, 1.000 DM, 1.250 DM, 1.500 DM oder 1.750 DM von *seinem Jahreseinkommen* als Festbetrag für die Erfolgsbeteiligung einsetzen will. Er hat also ein Wahlrecht, das auf fünf Stufen beruht und nicht mehr abhängig ist von seinem persönlichen Stundensatz – wie es das Mehrstundenmodell vorgeschrieben hatte. Der eingesetzte Festbetrag wird bei der Lohnzahlung im Oktober (Gehaltszahlung im November) einbehalten. In diesen Monaten werden üblicherweise Sonderzahlungen gewährt. Der Mitarbeiter erhält mit der folgenden Lohn- und Gehaltsabrechnung einen Abschlag auf seine Erfolgsbeteiligung, wenn das Unternehmen einen Gewinn erzielt hat.

Um einen gleichen Anreiz wie beim Mehrstundenmodell zu haben, beträgt der Basisgewinn auch hier 75 Prozent.

13.5.1 Die Berechnung

Jeder Mitarbeiter, der sich für eine Teilnahme am Erfolgsbeteiligungsmodell entscheidet, kann nach seiner *freien Wahl* die genannten Beträge einsetzen. Dieser Einsatz wird mit dem gleichen Betrag wieder ausbezahlt, wenn das Unternehmen einen Basisgewinn in Höhe von 75 Prozent des geplanten Gewinns erzielt.

Wenn der Gewinn prozentual geringer ausfällt als der Basisgewinn, reduziert sich die Erfolgsbeteiligung um denselben Prozentsatz; bei einem Gewinn von null DM oder bei einem Verlust erfolgt demnach keine Rückzahlung des eingesetzten Betrages.

Wenn der Gewinn prozentual höher ausfällt als der Basisgewinn, erhöht sich die Erfolgsbeteiligung um denselben Prozentsatz. Fällt der Gewinn also z. B. 50 Prozent höher aus, erhöht sich auch die Erfolgsbeteiligung um 50 Prozent.

■ *Rechenbeispiel*

Auf der Basis von erwarteten Umsätzen und aller kalkulierten Kosten für ein Geschäftsjahr ist ein Plangewinn von 7,6 Mio. DM ermittelt worden. Da bekanntlich 75 Prozent des Plangewinns den Basisgewinn, d.h. die Berechnungsbasis für die Erfolgsbeteiligung, ausmachen, errechnet sich aus dem Plangewinn ein Basisgewinn von 5,7 Mio. DM. Abb. 13-3 veranschaulicht die zu zahlende Erfolgsbeteiligung anhand einiger Beispiele.

Festbetrag in DM	Gewinn in Mio. DM							
	0,0000	2,850	4,275	Basisgewinn 5,700	7,125	Plangewinn 7,6000	8,550
750,00	0,0000	375,00	562,50	750,00	937,50	1.000,00	1.125,00
1.000,00	0,0000	500,00	750,00	1.000,00	1.250,00	1.333,33	1.500,00
1.250,00	0,0000	625,00	937,50	1.250,00	1.562,50	1.666,67	1.875,00
1.500,00	0,0000	750,00	1.125,00	1.500,00	1.875,00	2.000,00	2.250,00
1.750,00	0,0000	875,00	1.312,50	1.750,00	2.187,50	2.333,33	2.625,00

Abb. 13-3: Berechnung der individuellen Erfolgsbeteiligung – Festbetragsmodell –

13.5.2 Mitarbeitererklärung über Beteiligung

Jeder Mitarbeiter erklärt nach seiner freien Meinungsbildung seine Teilnahme auf dem in Abb. 13-4 aufgeführten Erklärungsbogen.

> **Erklärung des Mitarbeiters**
> Wenn Sie an dem Erfolgsbeteiligungsmodell 1998 teilnehmen möchten, bitten wir um Rückmeldung bis spätestens 16.02.98 an die Personalabteilung.
>
> LEMKEN - Personalabteilung -
>
> Ort
>
> **LEMKEN-Erfolgsbeteiligungsmodell 1998**
>
> Sehr geehrte Damen und Herren,
> ich habe die Unterlagen zum „LEMKEN-Erfolgsbeteiligungsmodell 1998" gelesen und möchte gerne an der Erfolgsbeteiligung im Jahre 1998 teilnehmen.
> Ja, ich will folgenden Festbetrag (brutto) einbringen:
> - ❑   750,00 DM
> - ❑ 1.000,00 DM
> - ❑ 1.250,00 DM
> - ❑ 1.500,00 DM
> - ❑ 1.750,00 DM
>
> Name: _____ Vorname: _____
> Pers.-Nr.: _____
>
> Alpen, den _____
> Unterschrift _____

Abb. 13-4: Erklärungsbogen

13.6 Hinweis

Verabreden Sie jedes Jahr das Erfolgsentgelt neu. Kein Automatismus, sondern Kommunikation und Meinungsbildung durch die Mitarbeiter (auch im familiären Bereich) prägen dieses Modell.

„Vergessen Sie bitte nicht, die Planung mit dem Betriebsrat und den Mitarbeitern zu kommunizieren. Erläutern Sie detailliert das Planungsverfahren und die Ermittlung des Plangewinns."

14 Literatur

Arnold, W.; Eysenck, H. J.; Meili, R. (Hrsg.): Lexikon der Psychologie. Zweiter Band. Freiburg, Basel, Wien: Herder Verlag, 1971

Becker, F.: Grundlagen betrieblicher Leistungsbeurteilungen. Leistungsverständnis und -prinzip, Beurteilungsproblematik und Verfahrensprobleme. Stuttgart: Schäffer-Poeschel Verlag, 1992

Femppel, K.; Zander, E.: Leistungsorientierte Vergütung. Köln: Wirtschaftsverlag Bachem, 2000

Förderreuther, R.: Vergütungsstrategie – Erfolgsgarant für das Unternehmen. In: Arbeit und Arbeitsrecht (2000)4, S. 144 ff.

Hendricks, G.; Ludeman, K.: Visionäres Management. München: Droemersche Verlagsanstalt Th. Knauer, 1997

Husmann, U.; Reichel, F.-G.: Unternehmenserfolgsabhängiges Entgelt in der Metall- und Elektro-Industrie. In: angewandte Arbeitswissenschaft Nr. 158 (1998), S. 22 ff.

IfaA (Hrsg.): Zeitgemäße Entgeltformen. Köln: Wirtschaftsverlag Bachem, 1996

IfaA (Hrsg.): Leistungsbeurteilung und Zielvereinbarung – Erfahrungen aus der Praxis. Schriftenreihe des IfaA, Band 31. Zweite erweiterte Auflage. Köln: Wirtschaftsverlag Bachem, 2000

IfaA (Hrsg.): Erfolgsfaktor Kennzahlen. Köln: Wirtschaftsverlag Bachem, 2000a

Luczak, H.: Arbeitswissenschaft. Berlin, Heidelberg, New York, London, Paris, Tokio, Hongkong, Barcelona, Budapest: Springer Verlag, 1993

Olesch, G.: Praxis der Personalentwicklung. Heidelberg: Sauerverlag, 1992

Olesch, G.: Schwerpunkte der Personalarbeit. Heidelberg: Sauerverlag, 1997

Olesch, G.; Paulus, G.: Innovative Personalentwicklung in der Praxis. München: Beck-Verlag, 2000

REFA Methodenlehre des Arbeitsstudiums. Teil 1 Grundlagen. München: Hanser Verlag, 1984

15 Autorenverzeichnis

DR. KLAUS-DETLEV BECKER
Institut für angewandte
Arbeitswissenschaft e. V.
Marienburger Straße 7
50968 Köln
Telefon: 02 21/93 46 14-31
Telefax: 02 21/93 46 14-37
E-Mail: k.becker@m-e.org

RAINER BERNARD
IPE – Integrated Production
Engineering GmbH
Kurgartenstr. 54
90762 Fürth
Telefon: 09 11/78 48 – 110
Telefax: 09 11/78 48 – 114

HARALD BRÜNING
Verband der Metall- und
Elektroindustrie
Rheinland-Rheinhessen e.V.
Ferdinand-Sauerbruch-Str. 9
56073 Koblenz
Telefon: 02 61/4 04 06-46
Telefax: 02 61/4 04 06-26
E-Mail: bruening@vem.de

SIEGURD DOKTER
Verband der Metall- und Elektro-
Industrie
in Thüringen e.V.
Lossiusstr. 1
99094 Erfurt
Telefon: 03 61/6759-121
Telefax: 03 61/6759-222
E-Mail: SiegurdDokter@vwt.de

HANS FREMMER
Institut für angewandte
Arbeitswissenschaft e.V.
Marienburger Straße 7
50968 Köln
Telefon: 02 21/93 46 14-27
Telefax: 02 21/93 46 14-37
E-Mail: h.fremmer@m-e.org

STEFAN HOLZAMER
Werksleiter
SGL Carbon GmbH
Werner-von-Siemens-Straße 18
86405 Meitingen
Telefon: 0 82 71/83 16 67
Telefax: 0 82 71/83 17 20
E-Mail:
stefan.holzamer@sglcarbon.de

HORST DIETER KOPPENBURG
Unternehmerschaft Metall- und
Elektro-industrie Niederrhein
Ostwall 227
47798 Krefeld
Telefon: 0 21 51/62 70 12
Telefax: 0 21 51/62 70 40
E-Mail:
Horst Koppenburg/AGV-Krefeld
@AGV-Krefeld@AGV-NRW

STEFAN LAARTZ
Leiter PE/Weiterbildung
BVW/Zeitwirtschaft
Otto Fuchs Metallwerke
Derschlager Str. 26
58540 Meinerzhagen
Telefon: 0 23 54/73-430
Telefax: 0 23 54/73-814
E-Mail: laartz.st@otto-fuchs.com

DR. GUNTHER OLESCH
Leiter Ressort Personal &
Organisation
Phoenix Contact GmbH & Co.
Postfach 1341
32819 Blomberg
Telefon: 0 52 35/3-4 16 71
Telefax: 0 52 35/3-4 20 29
E-Mail:
golesch@phoenixcontact.com

JOSEF OPPMANN
Prokurist
Bereichsleiter Personal- und
Sozialwesen
KBA – Koenig & Bauer AG
Friedrich-List-Str. 47–49
01445 Radebeul
Telefon: 03 51/8 33-24 00
Telefax: 03 51/8 33-24 03
E-Mail: oppmann@kba-planeta.de

HERBERT OYMANN
Leiter Personalwesen
LEMKEN GmbH & Co. KG
Weseler Str. 5
46519 Alpen
Telefon: 0 28 02//81-161
Telefax: 0 28 02/81-221
E-Mail: personal@lemken.com

HEINZ POSSELT
Personal + Verwaltung
Personalleiter
Philips Semiconductors SMST GmbH
Schickardstraße 25
71034 Böblingen
Telefon: 0 70 31/18-52 77
Fax: 0 70 31/18-51 51
E-Mail: h.posselt@smst.philips.com

Institut für angewandte Arbeitswissenschaft

ARBEITSORGANISATION IN DER AUTOMOBILINDUSTRIE

- Stand und Ausblick -

W. Hoffmeyer; H.-G. Honnef; D. Hundt; U. Jürgens; R. Lehr; H.-P. Lentes; J.P. MacDuffie; J. Ritter; B. Spanner-Ulmer; R. Springer; H. Weber; K.-J. Zink
Hrsg. vom Institut für angewandte Arbeitswissenschaft
Köln: Wirtschaftsverlag Bachem, 2000
15 x 21 cm, 207 Seiten, 55 Abb., kart.; DM 42,00 ISBN 3-89172-413-6

Die ständige Weiterentwicklung und Optimierung der Arbeitsorganisation ist seit den Tagen Henry Fords ein Dauerthema in der Automobilindustrie. Bis zu Beginn der 90er Jahre wurde die Arbeit, gemäß den Grundsätzen der „wissenschaftlichen Betriebsführung", überwiegend hocharbeitsteilig organisiert. Aspekte der Humanisierung der Arbeit, Lean Produktion und der Erfolg des japanischen Produktionsmodells haben die Produktionsphilosophie und die Arbeitspolitik in der Folge stark beeinflusst. In der Aktivierung von Motivations- und Verbesserungspotentialen, beispielsweise durch Gruppenarbeit, wurde der Schlüssel zur Wettbewerbsfähigkeit gesehen. Durch den weltweiten Konzentrationsprozess in der Automobilindustrie hat zum Ende des 20. Jahrhunderts ein deutlicher Trend zur Standardisierung eingesetzt, der auf den Erkenntnissen des Industrial Engineering basiert.

Das IfaA hat sich das Ziel gesetzt, den aktuellen Stand der Arbeitsorganisation in der Automobilindustrie darzustellen.

Das Taschenbuch enthält Praxisbeispiele von *Ford, Opel, Audi, DaimlerChrysler* und *Bosch*. Aktuelle Produktionssysteme und arbeitsorganisatorische Entwicklungen werden vorgestellt. Zusätzliche Kapitel beleuchten arbeitspolitische Trends und die zukünftige Rolle der Mitbestimmung im Rahmen der Globalisierung.

Auch für das Management kleinerer und mittlerer Unternehmen werden sich aus den Inhalten des Taschenbuchs, Impulse zur Gestaltung der Arbeitsorganisation und der Arbeitspolitik ableiten lassen.

Bestellannahme: Wirtschaftsverlag Bachem GmbH
- Abt. IfaA -
Ursulaplatz 1, 50668 Köln
Telefon: 0221/16 19 - 0
Telefax: 0221/16 19 - 231
E-Mail: bachem-verlagsgruppe@netcologne.de
Internet: http://www.ifaa-koeln.de

Institut für angewandte Arbeitswissenschaft

Erfolgsfaktor Kennzahlen

A. Feggeler, U. Husmann u.a.
Hrsg. vom Institut für angewandte Arbeitswissenschaft
Köln: Wirtschaftsverlag Bachem, 2000
15 x 21 cm, 210 Seiten, 96 Abb., kart.
DM 42,00, ISBN 3-89172-408-x

Nachdem in den letzten Jahren in den Unternehmen die Arbeitsorganisation mit einer zunehmenden Ausrichtung auf die durchgängige und kundenorientierte Gestaltung von Geschäftsprozessen zum Teil erheblich verändert wurde, besteht nunmehr die Notwendigkeit einer adäquaten Umgestaltung bzw. Erweiterung der dafür erforderlichen Zielsysteme. Auch bedarf es bereits während der Einführung neuer Formen der Arbeitsorganisation eines "Navigationssystems" zur Förderung und Stabilisierung der Veränderungsprozesse.

Kennzahlen stellen dafür ein relativ einfaches und wirkungsvolles Hilfsmittel dar. Sie sollten aus den Unternehmenszielen abgeleitet, innerhalb eines Systems aufeinander und zwischen den Organisationseinheiten abgestimmt sein. Nach der Quantifizierung von Zielwerten, der Feststellung eines IST-Zustandes und eventuellen Abweichungen unterstützen Kennzahlen die Ableitung von Maßnahmen zur Zielerreichung und deren Umsetzung.

Kennzahlen bzw. Kennzahlensysteme zur Steuerung von Geschäftsprozessen führen nicht alleine durch ihren Einsatz zum Erfolg. Neben den Anforderungen an die rein "technische" Gestaltung gibt es einen nicht minder hohen Anspruch an die Gestaltung relevanter Informationsbeziehungen und Kommunikationsformen.

Das Buch geht von Erfahrungen aus Unternehmen der Metall- und Elektro-Industrie aus. Es werden Handlungshilfen zum „Steuern mit Kennzahlen" für die betriebliche Praxis aufgezeigt und durch konkrete Firmen-Beispiele ergänzt..

Bestellannahme: Wirtschaftsverlag Bachem GmbH
                                        - Abt. IfaA -
                               Ursulaplatz 1, 50668 Köln
                                Telefon: 0221/16 19 - 0
                              Telefax: 0221/16 19 - 231
                    E-Mail: bachem-verlagsgruppe@netcologne.de
                            Internet: http://www.ifaa-koeln.de